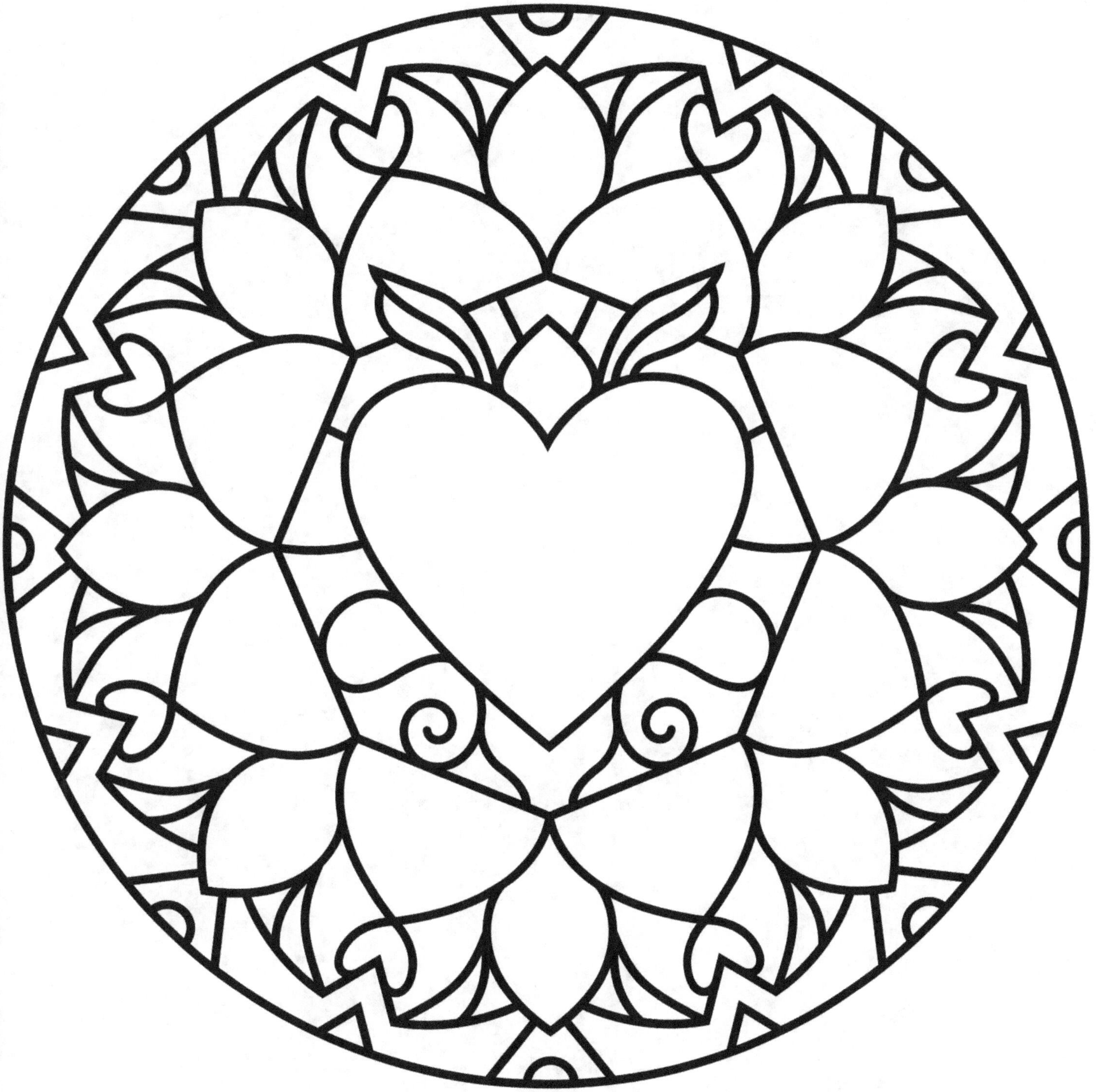

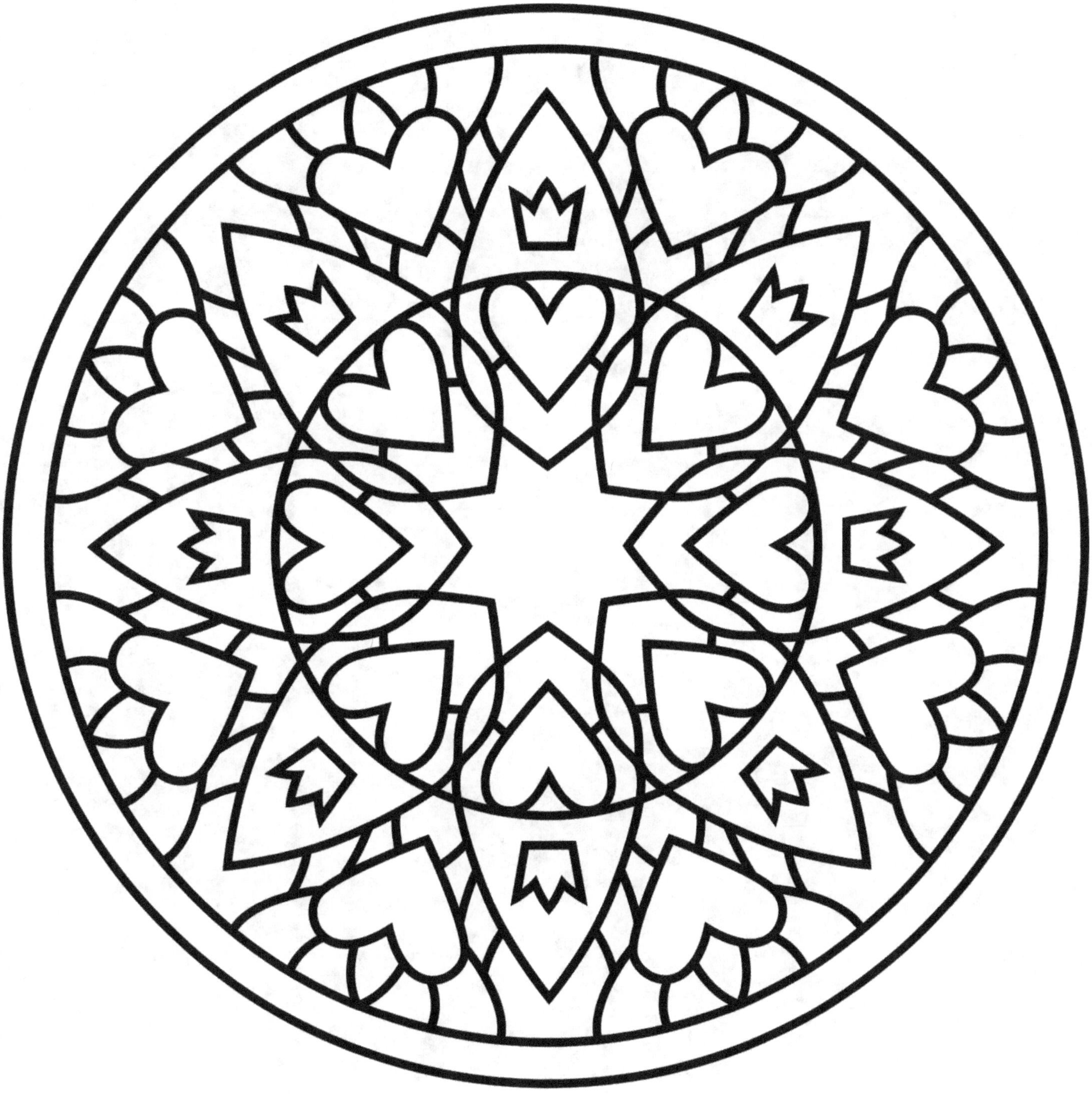

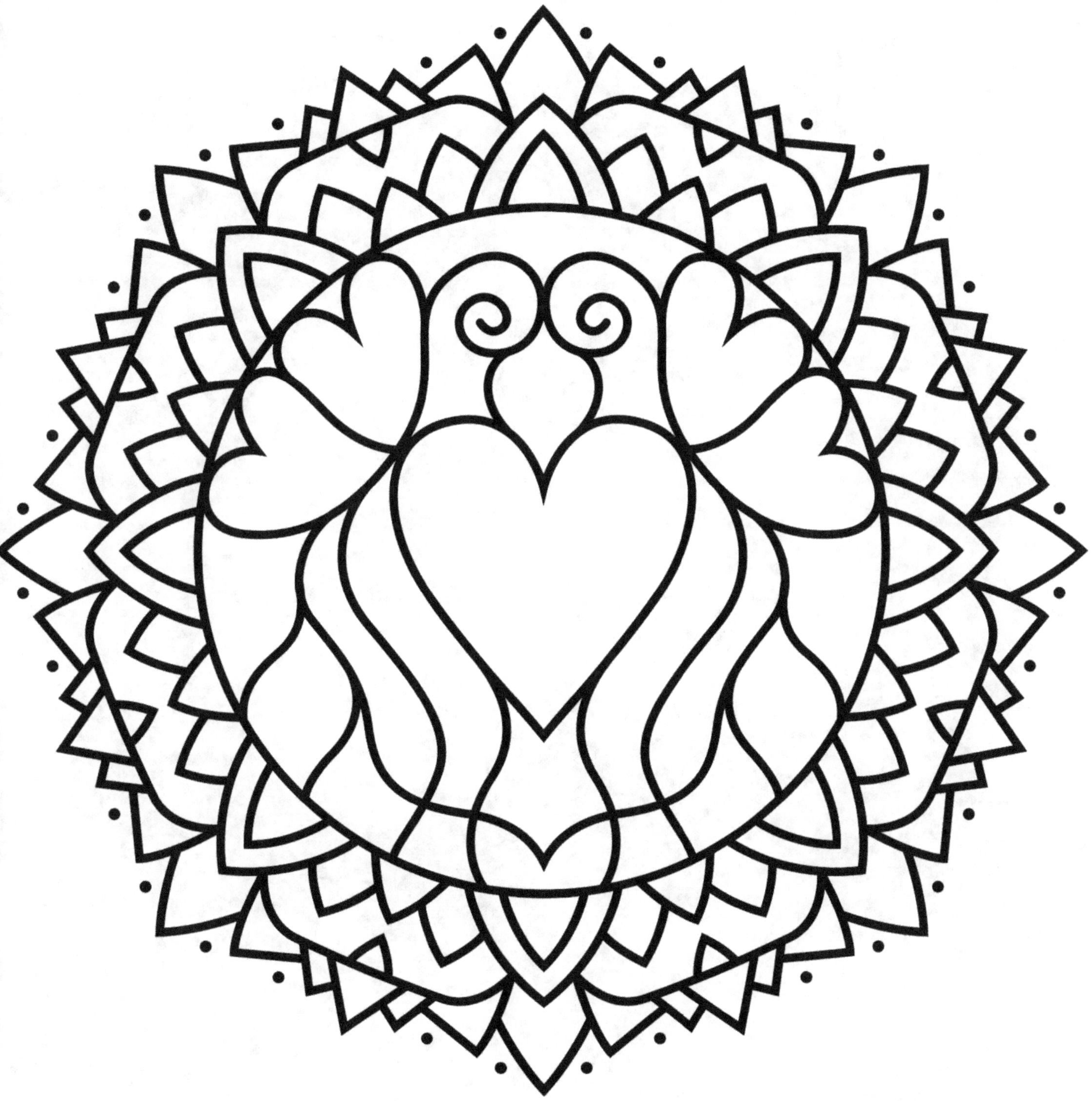

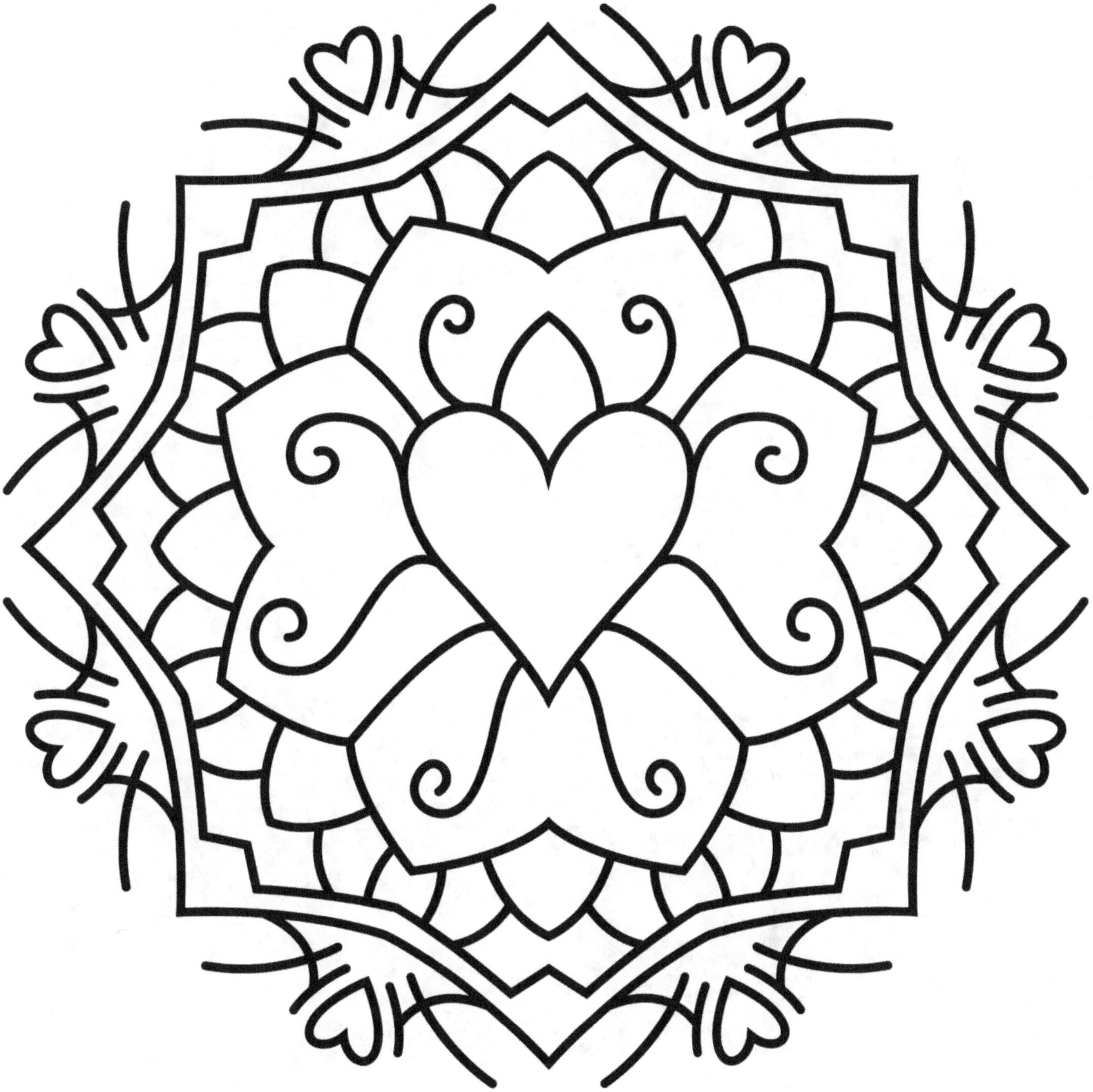

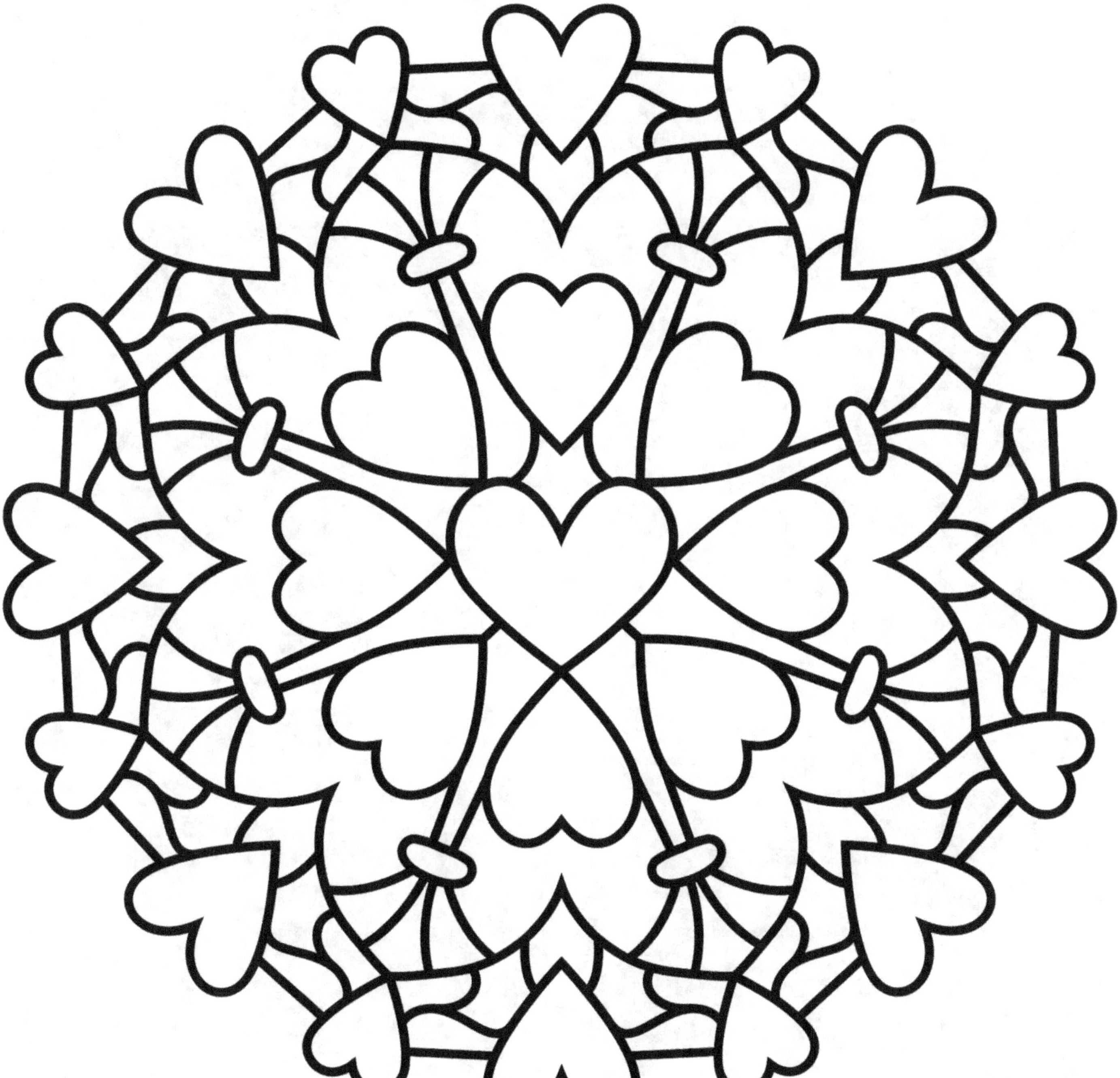

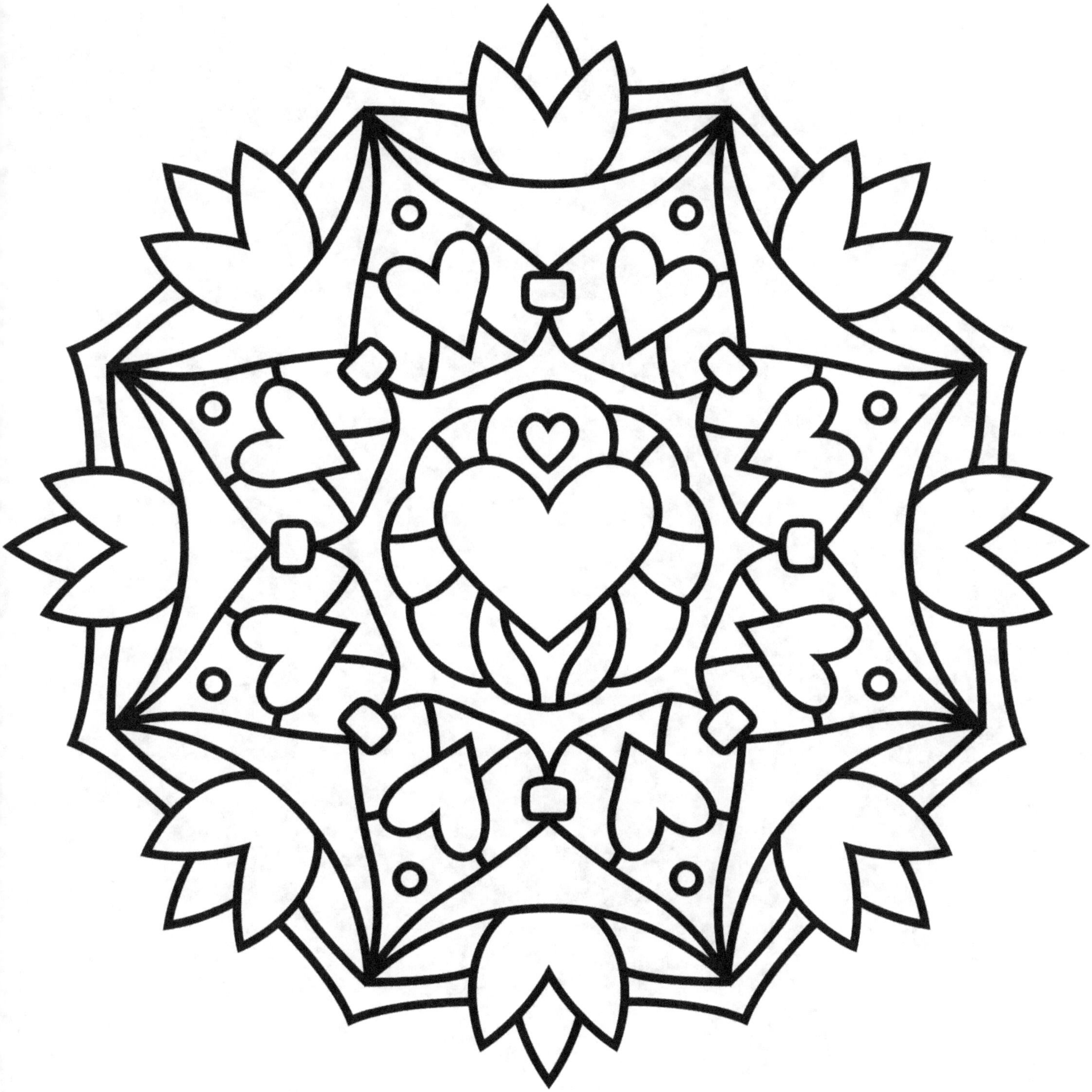

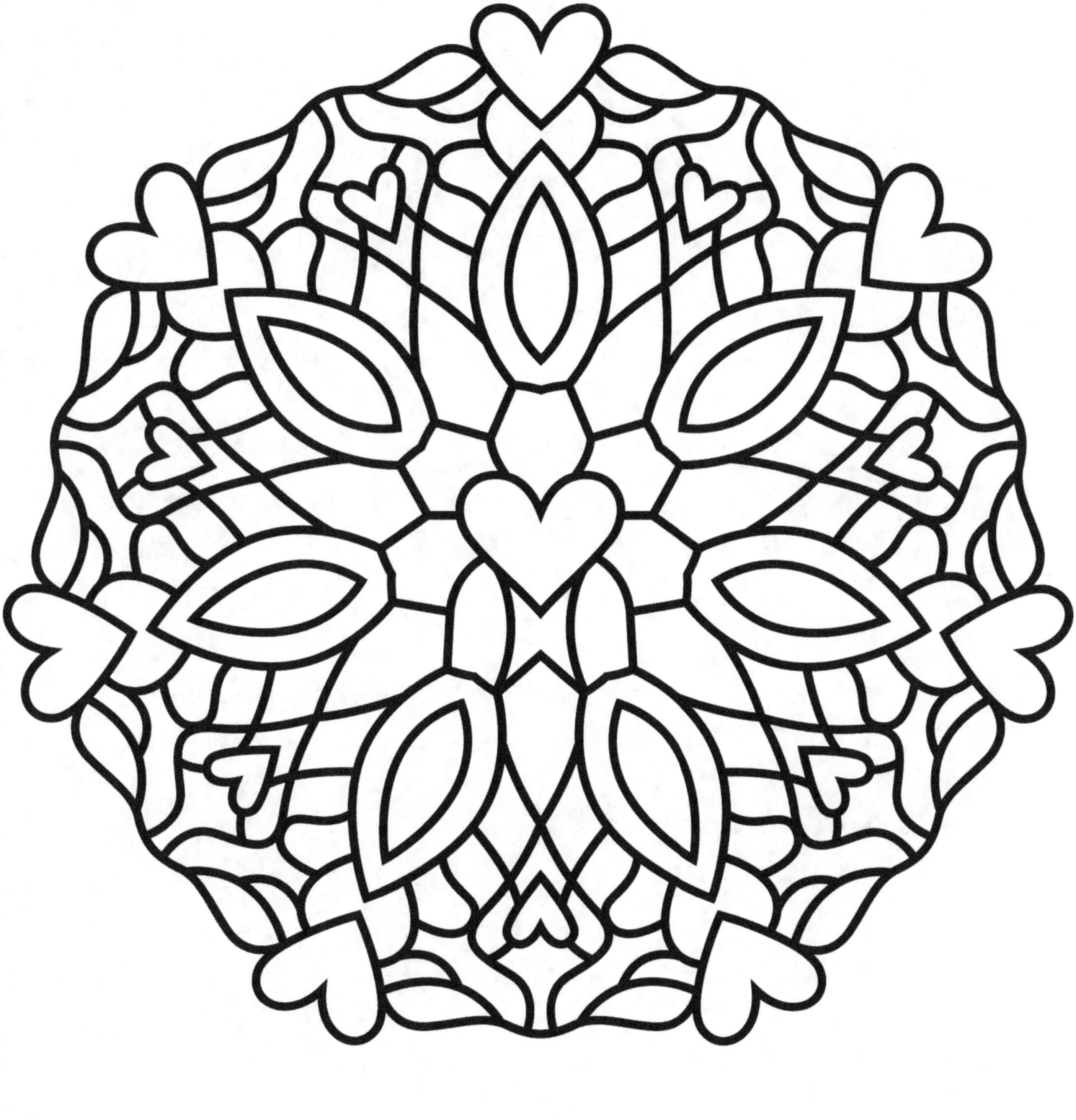

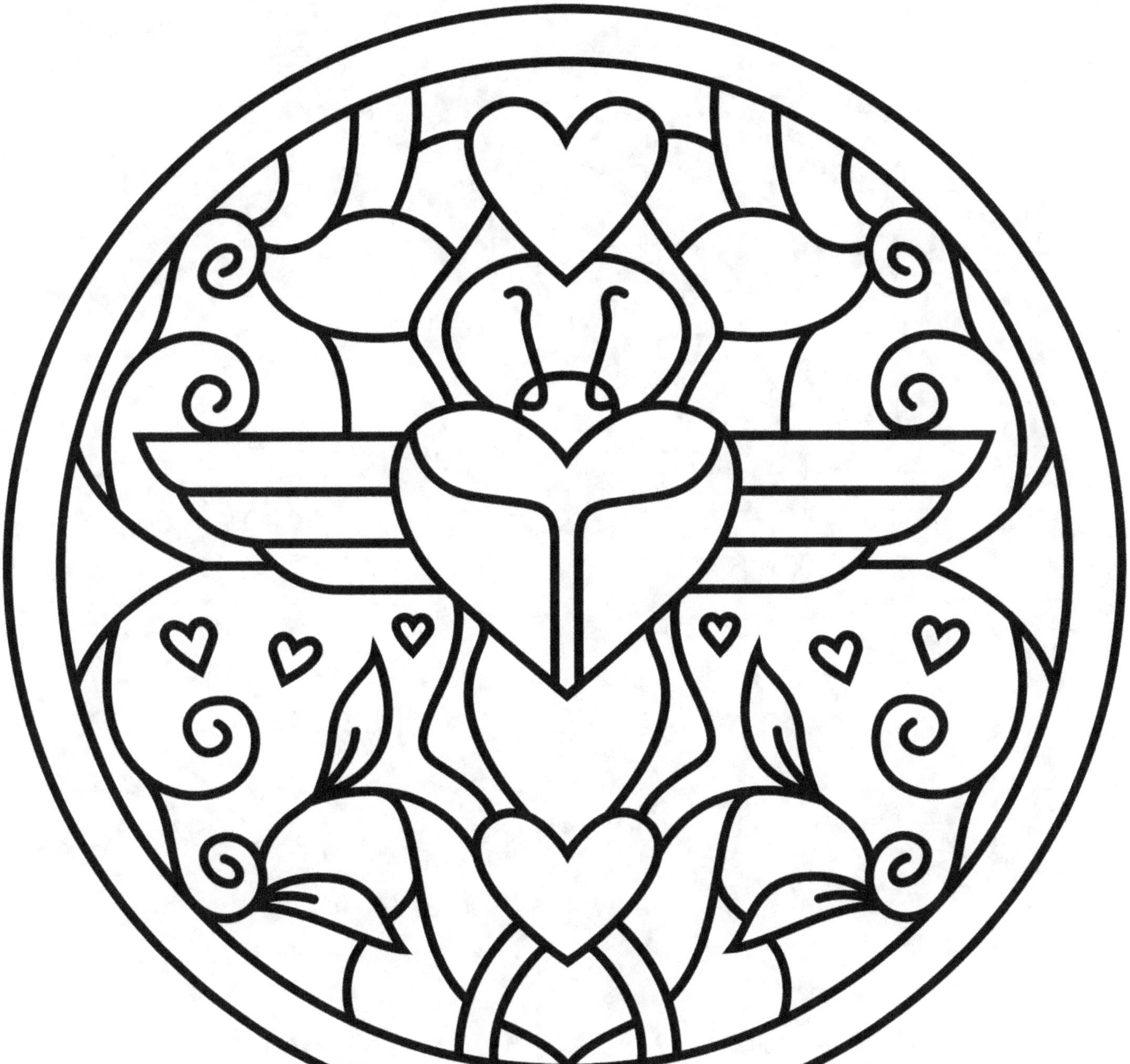

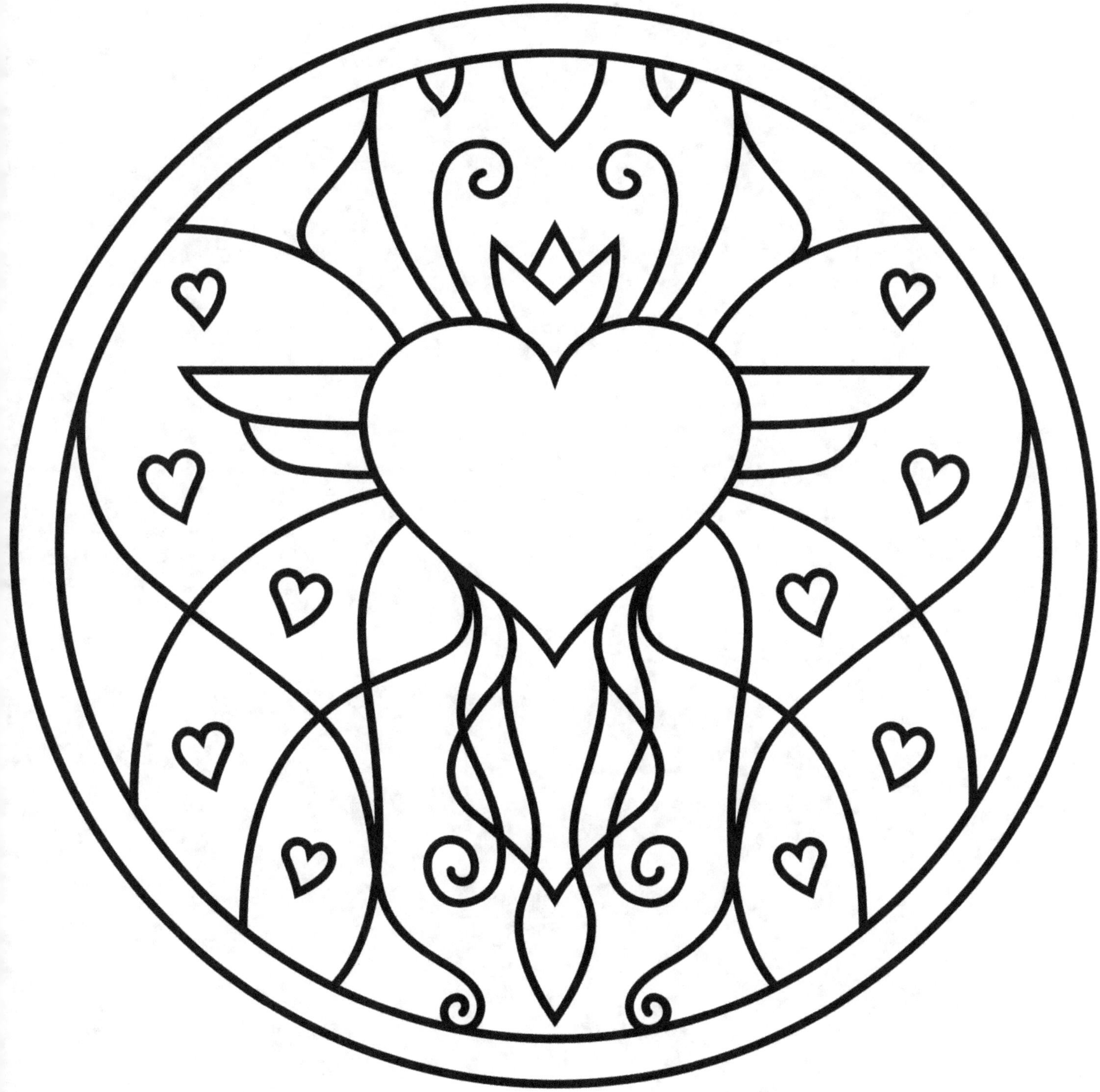

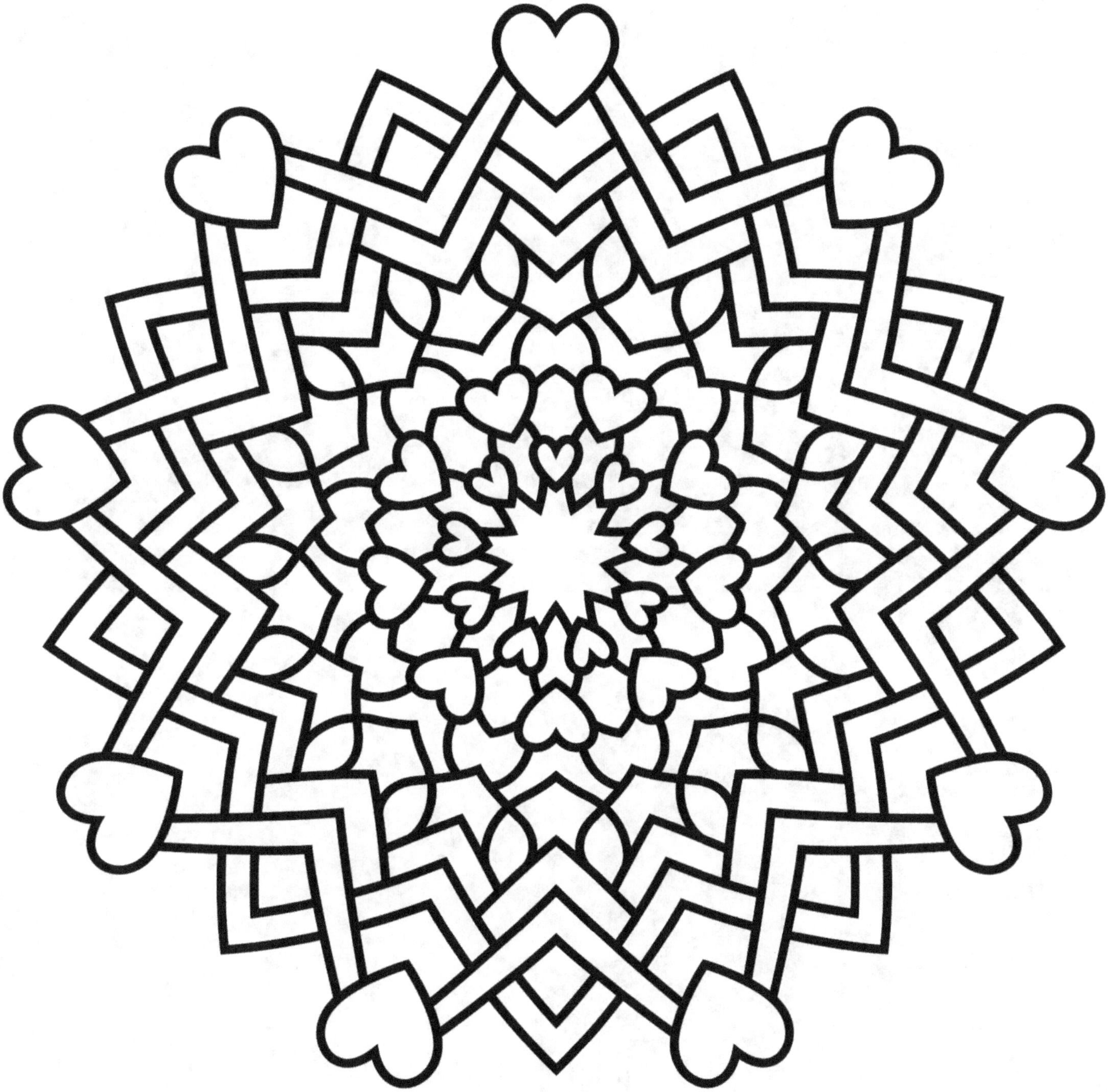

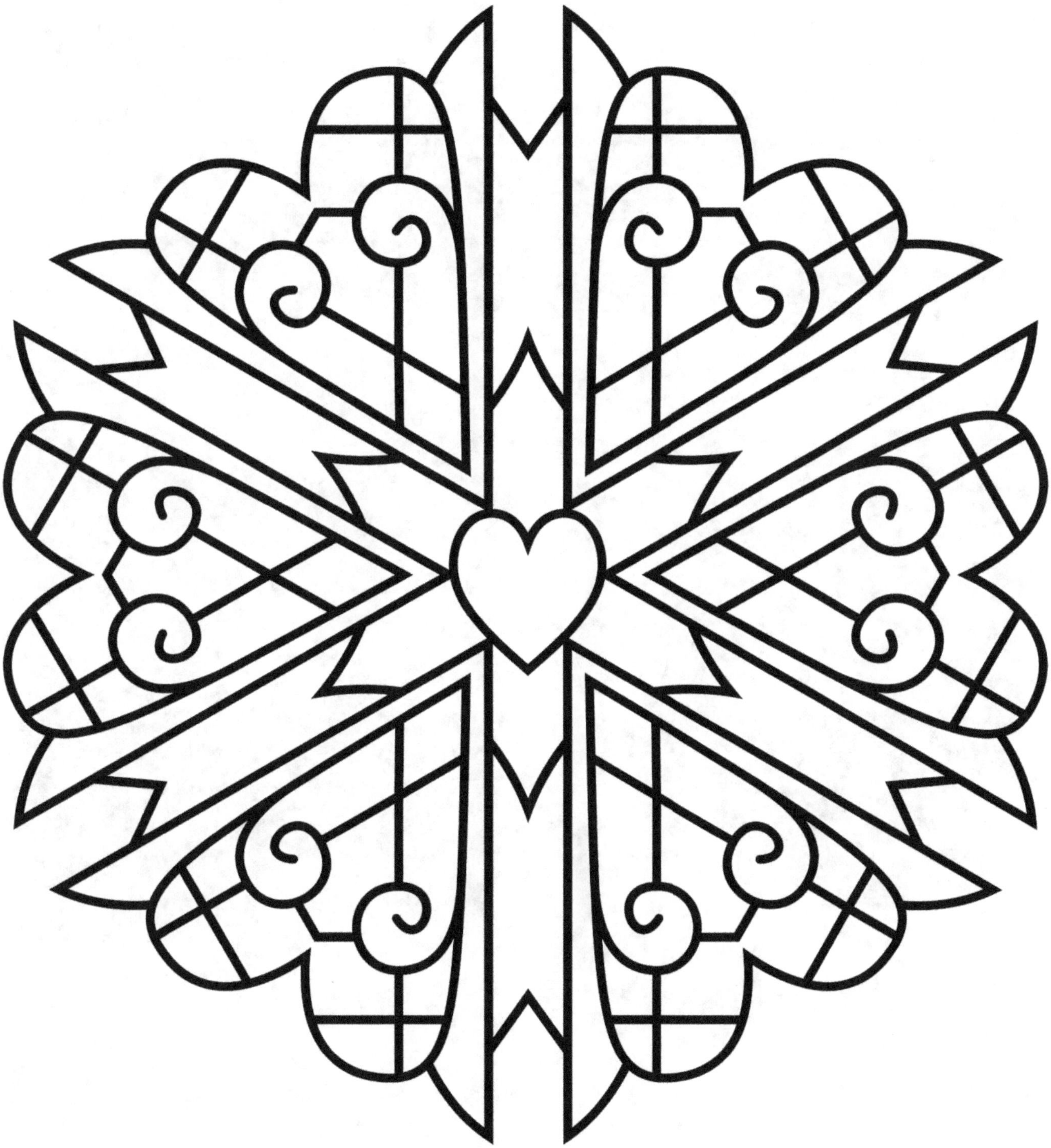

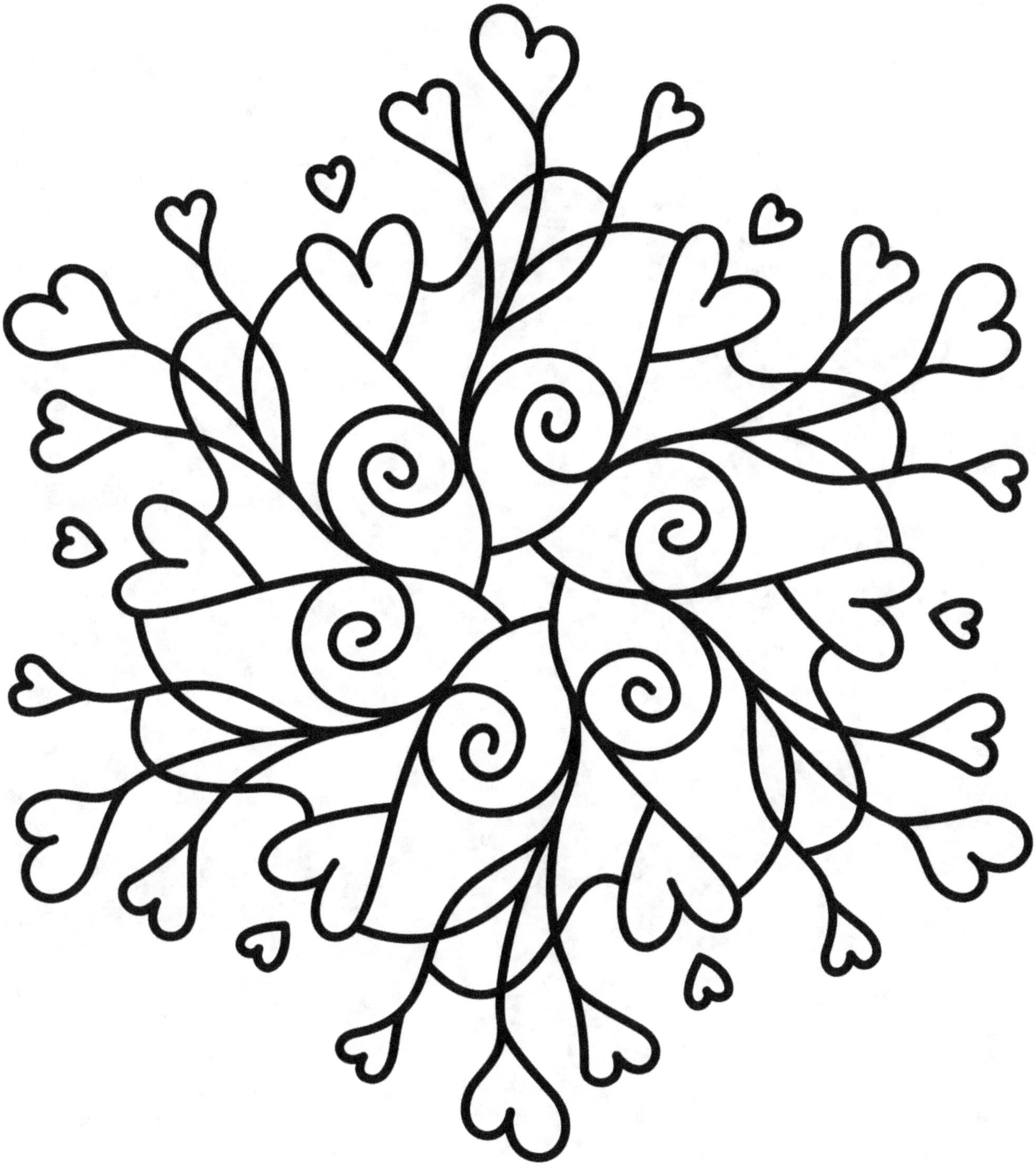

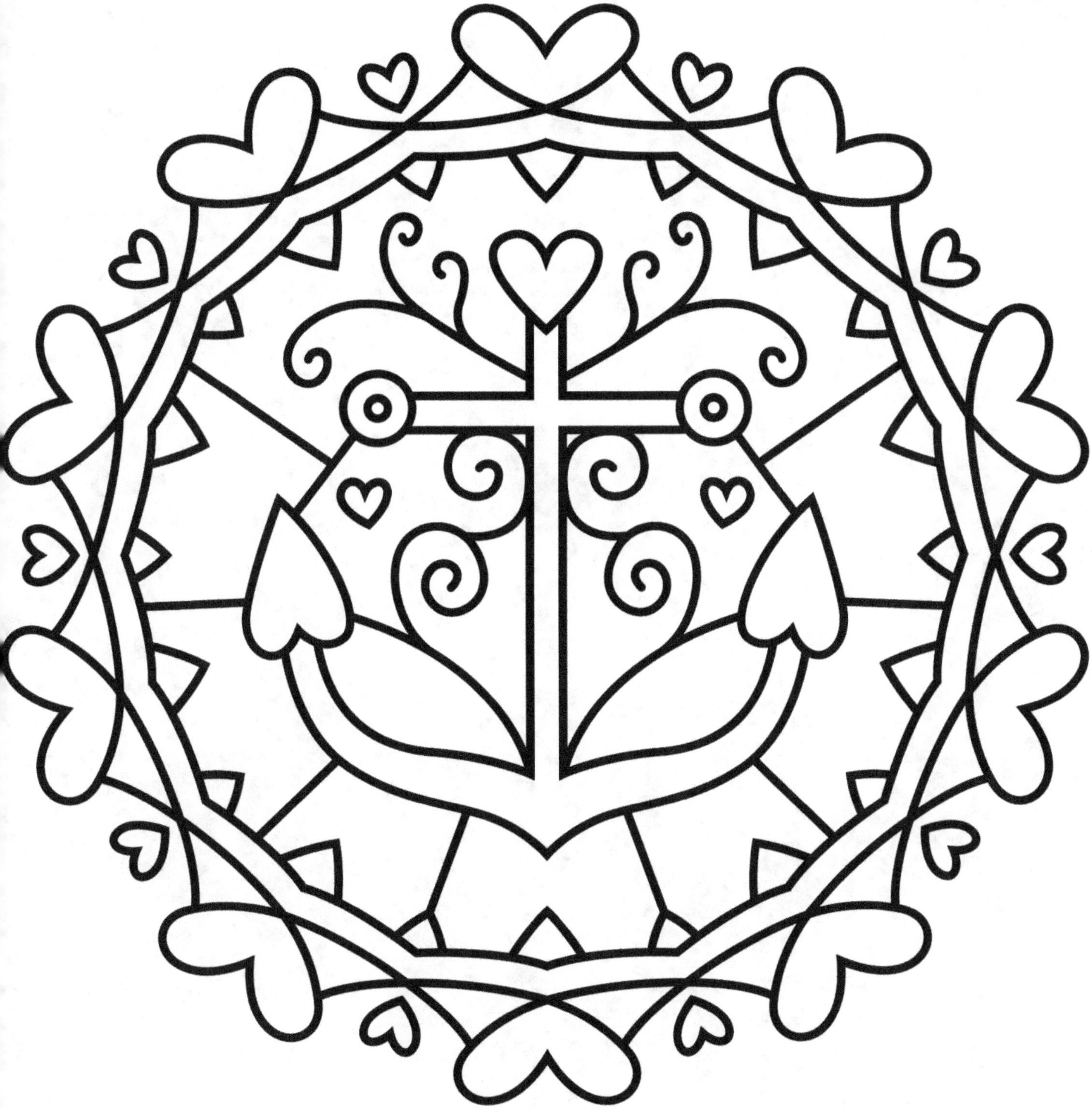

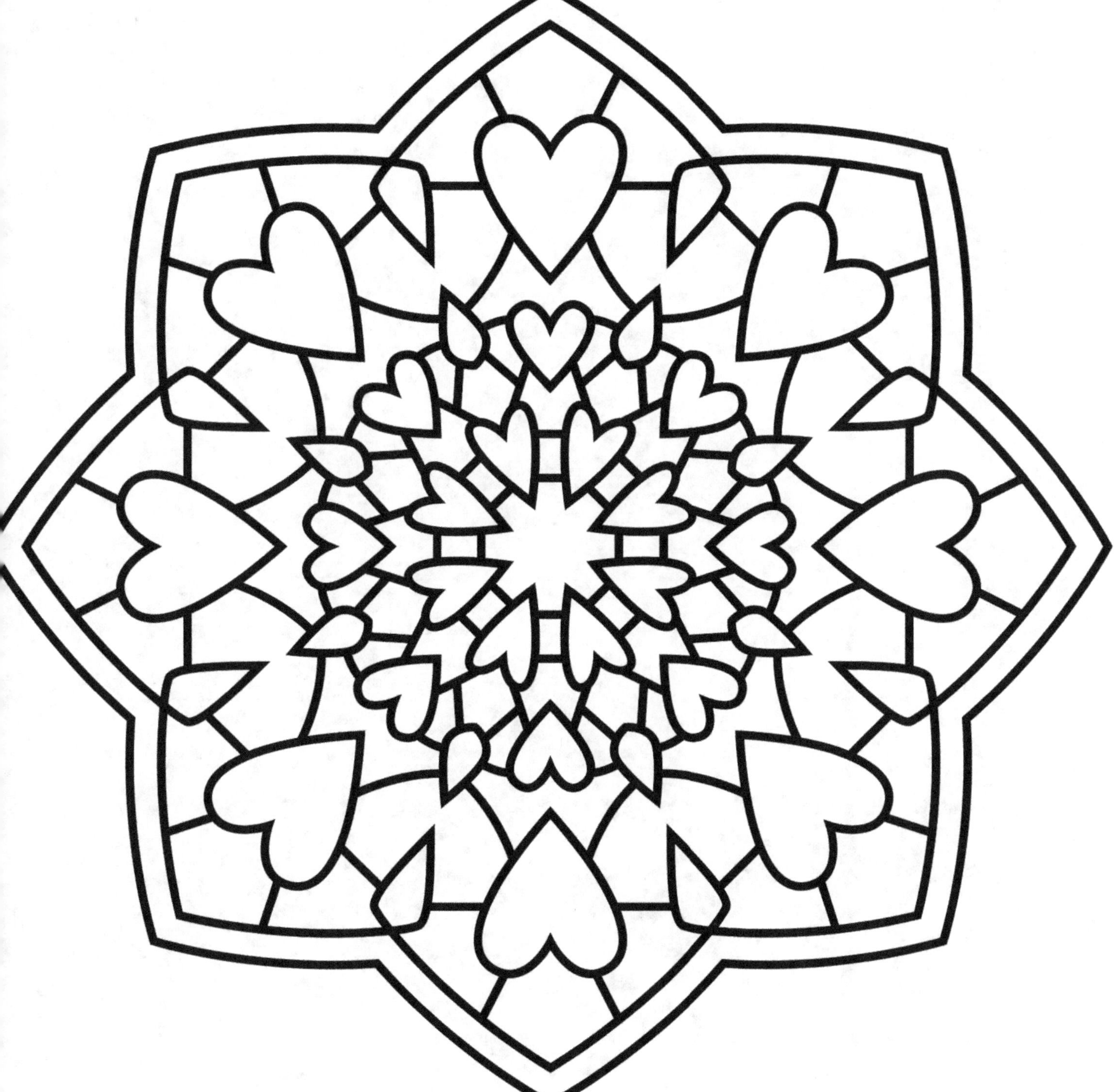

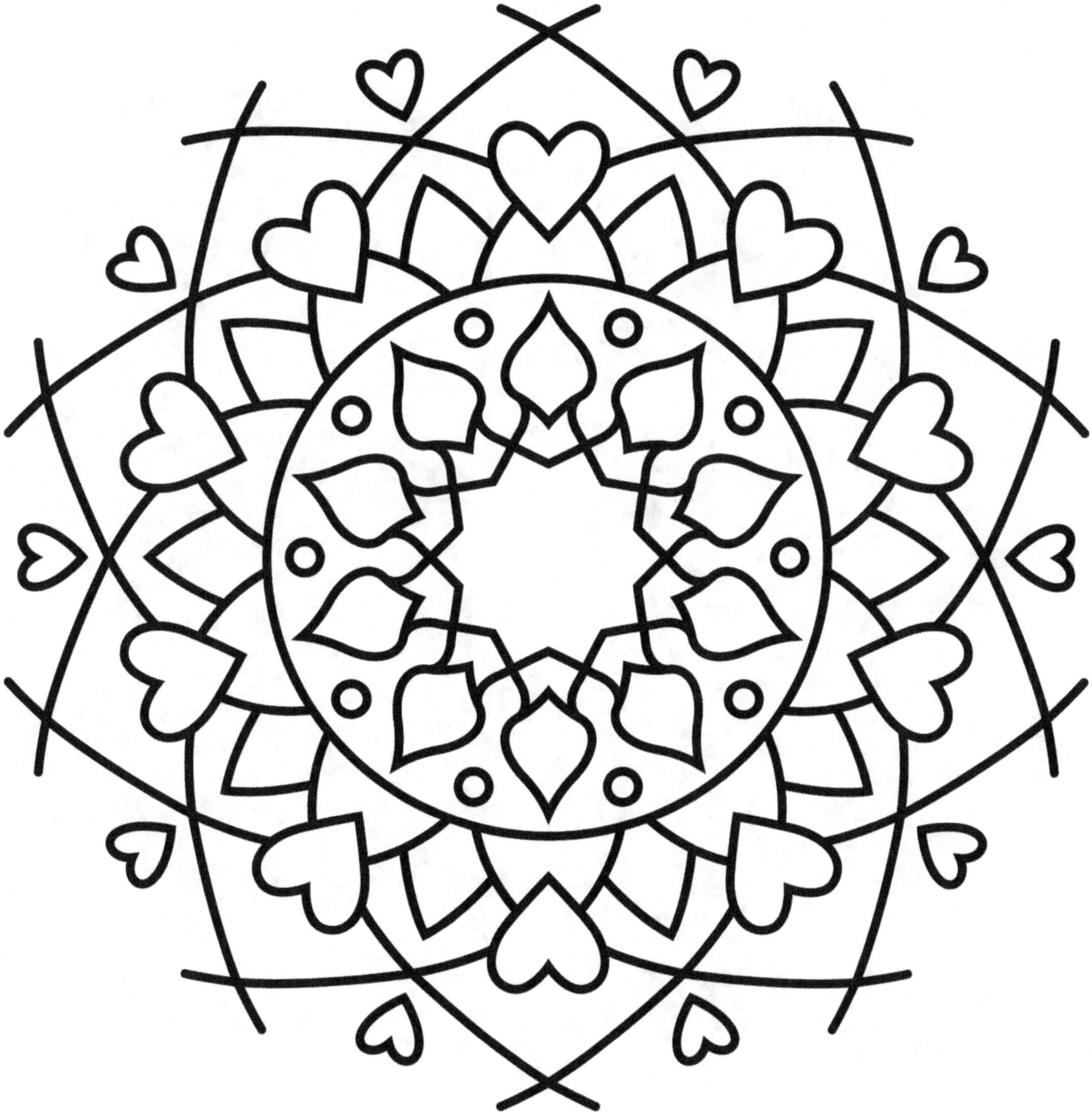

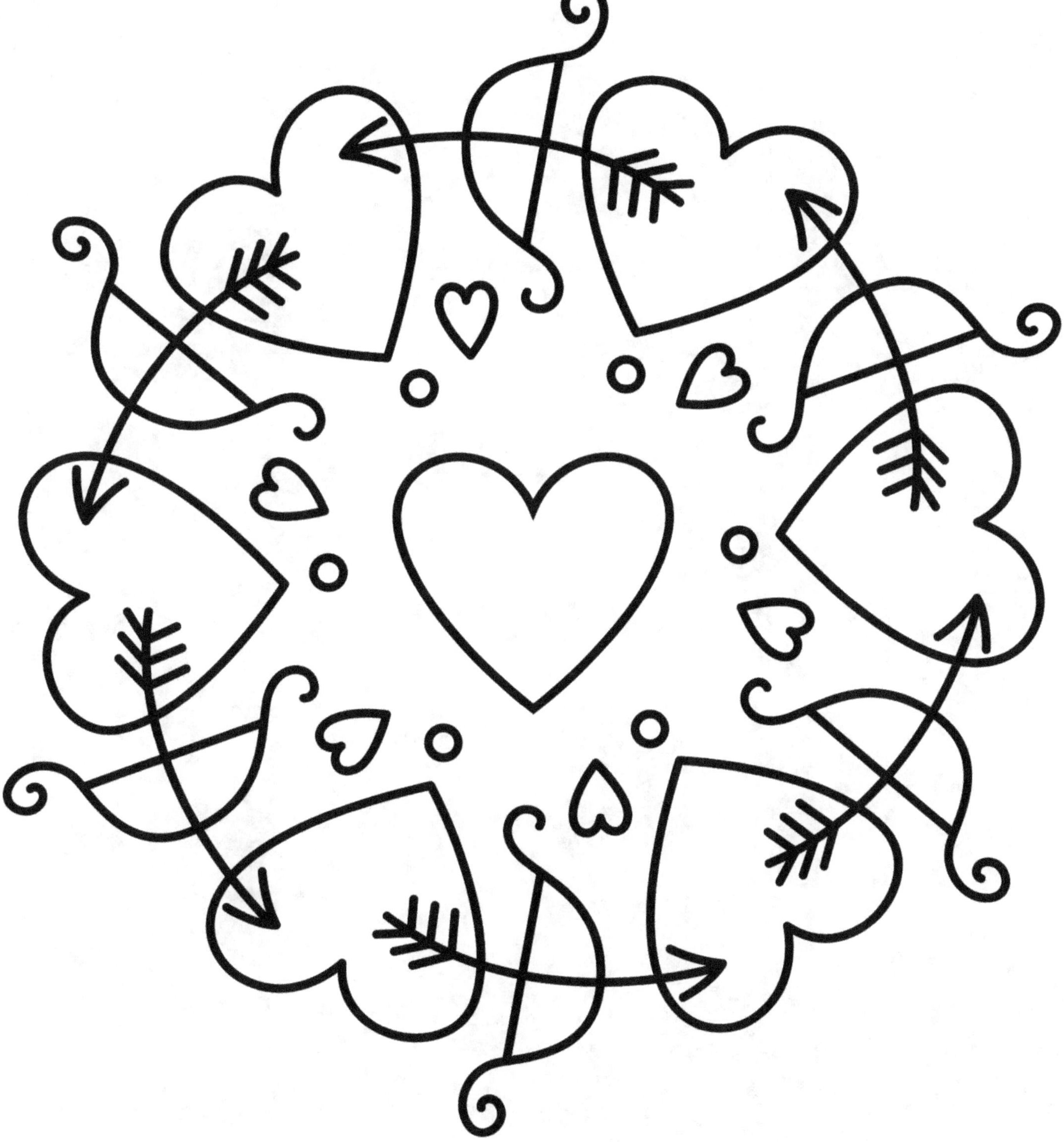

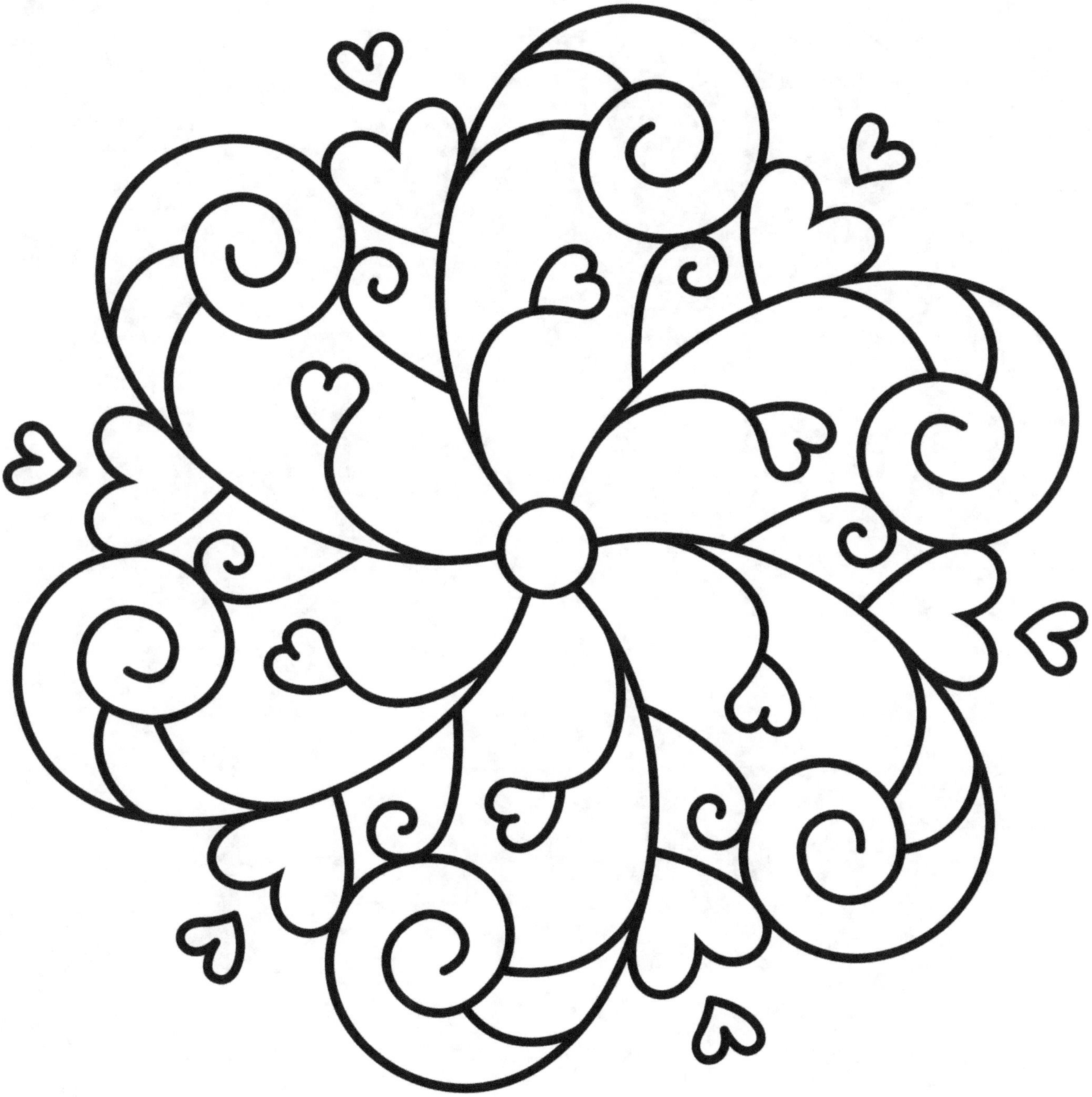

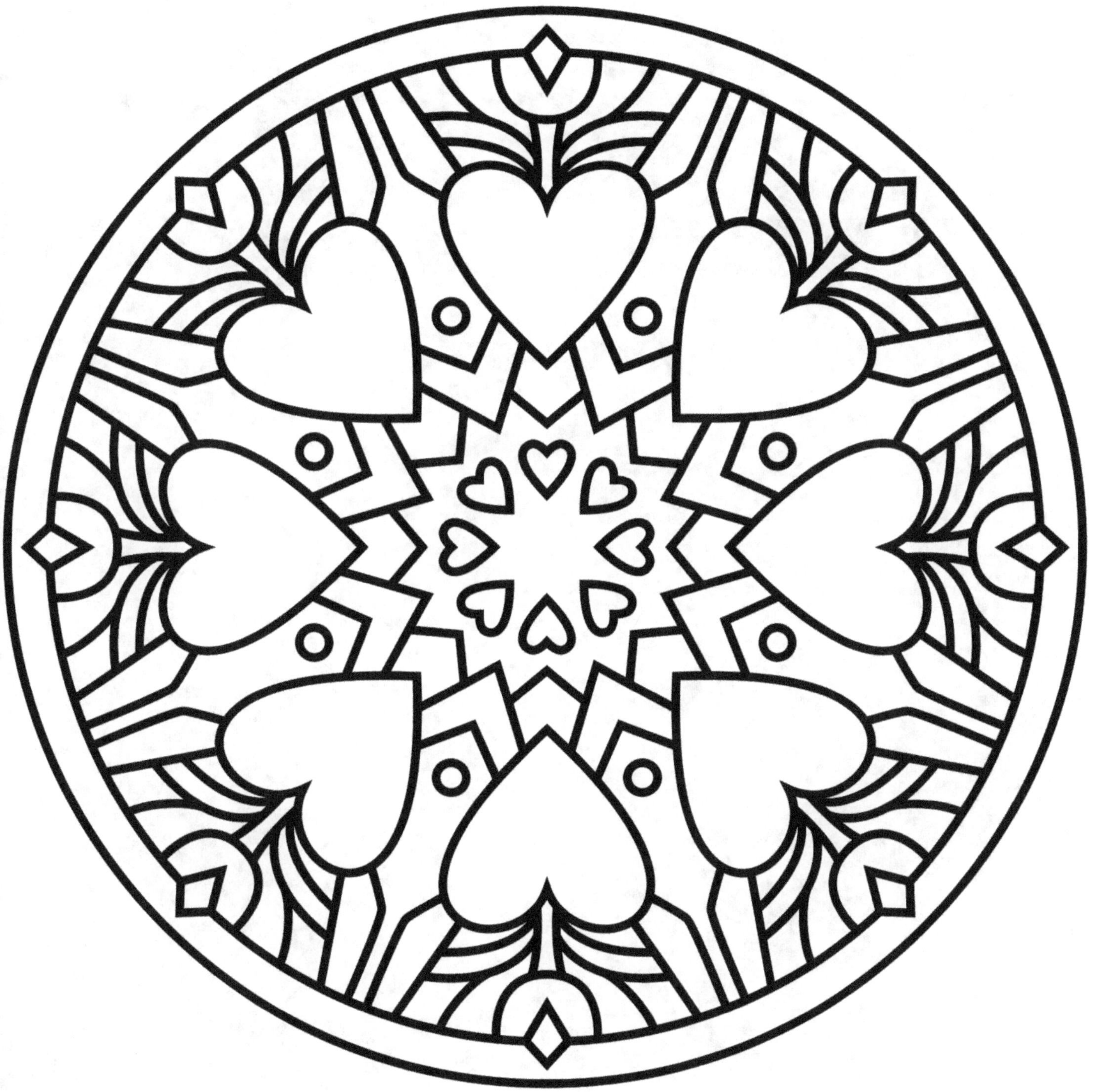

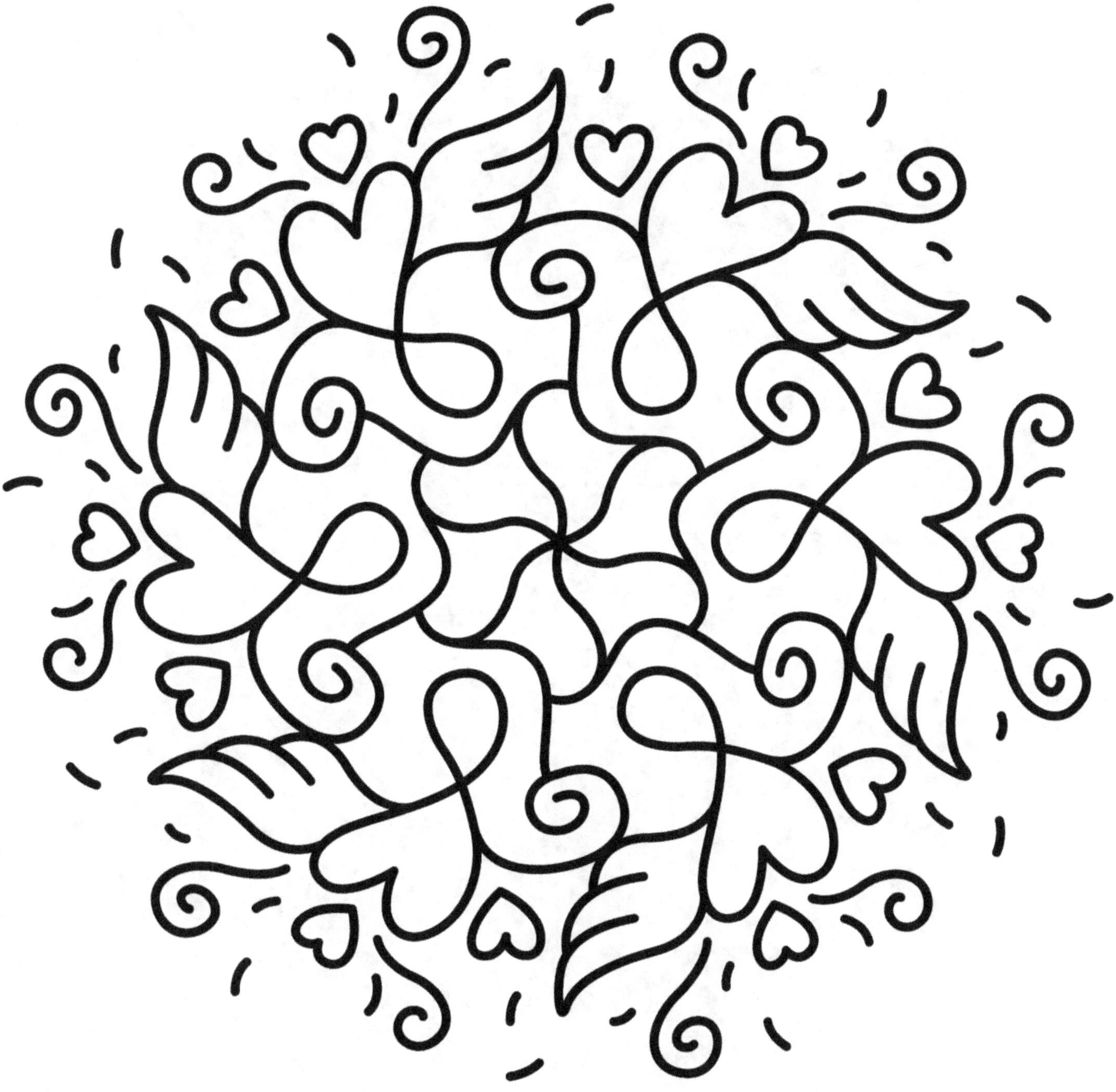

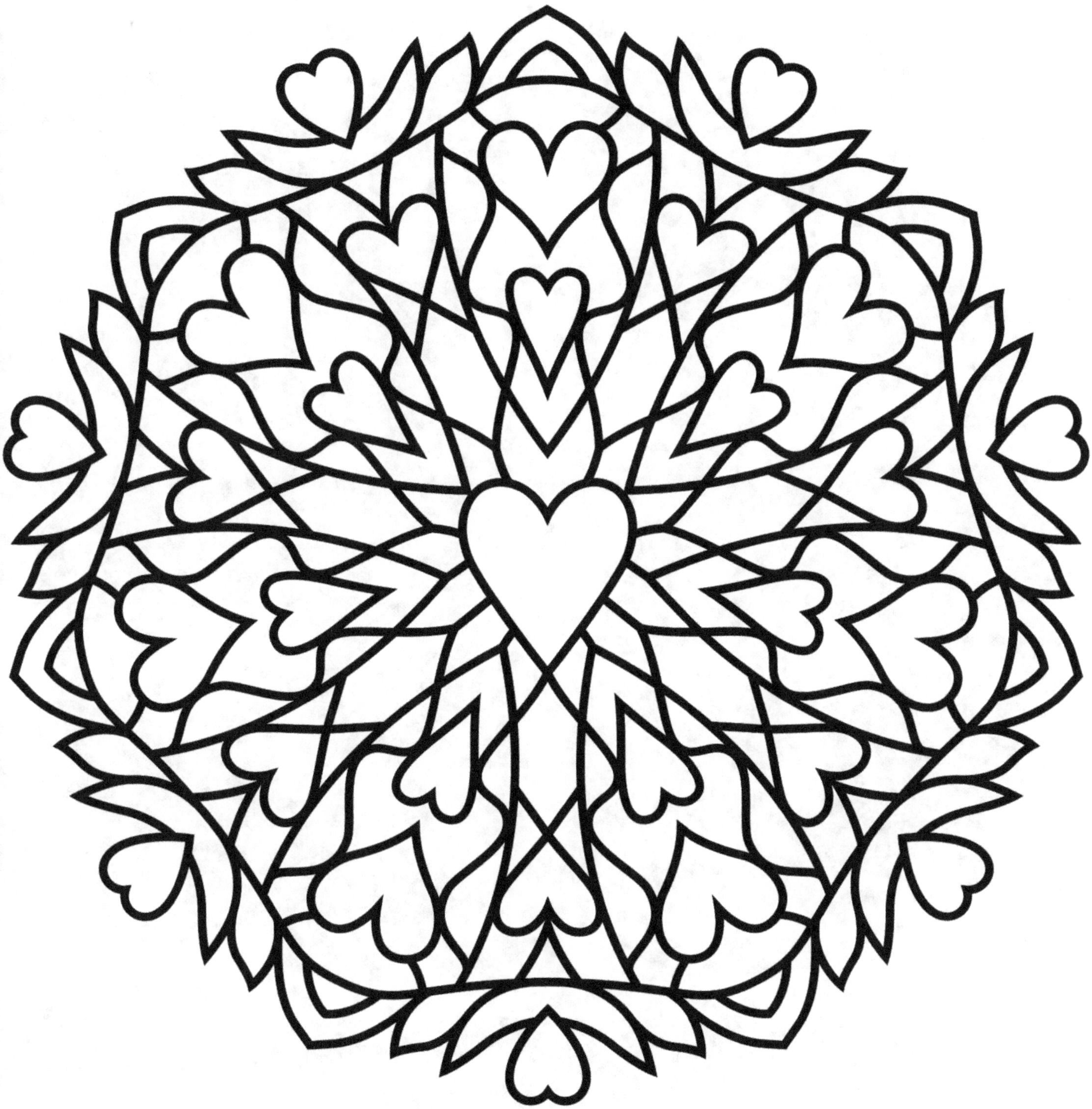

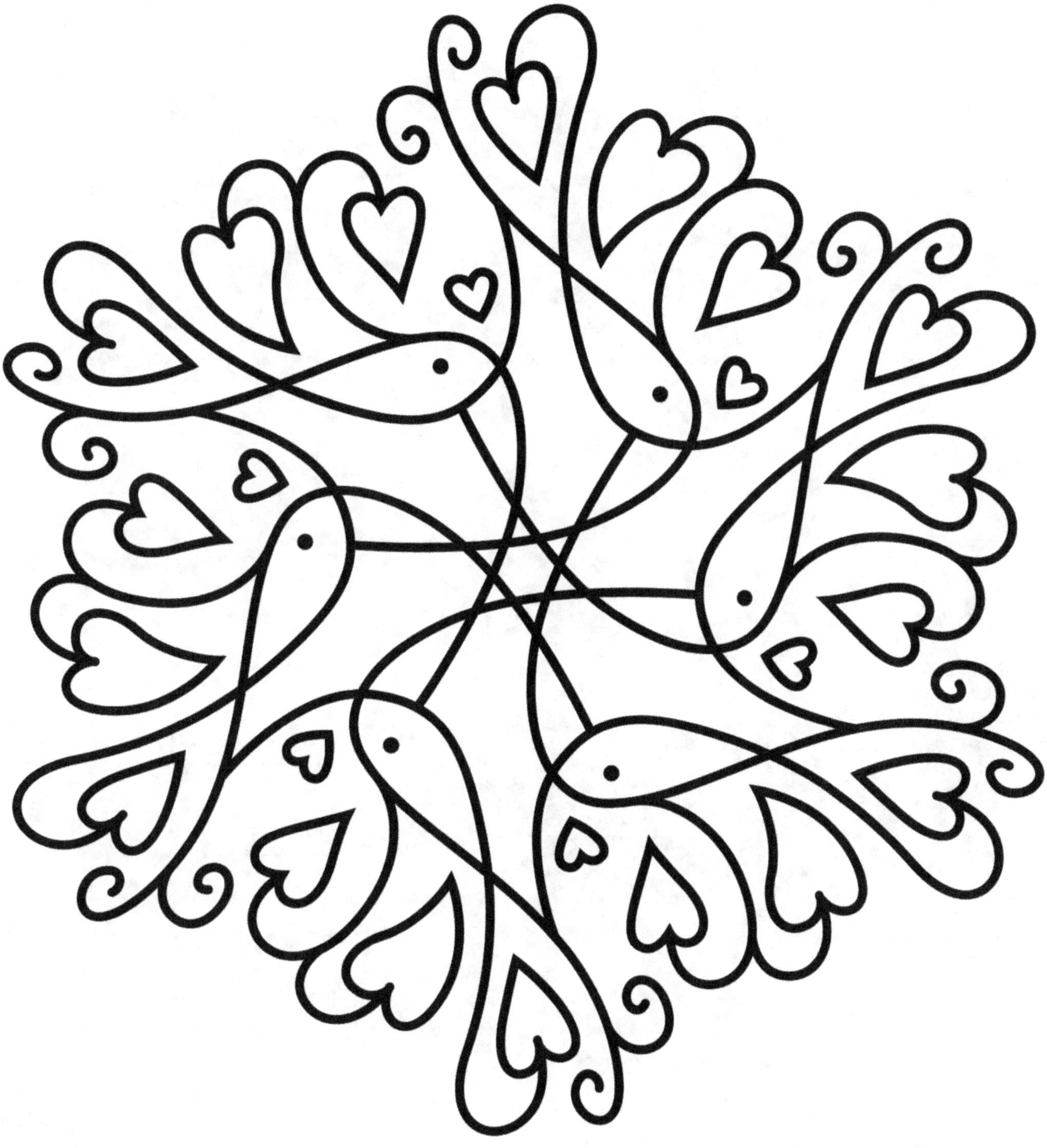

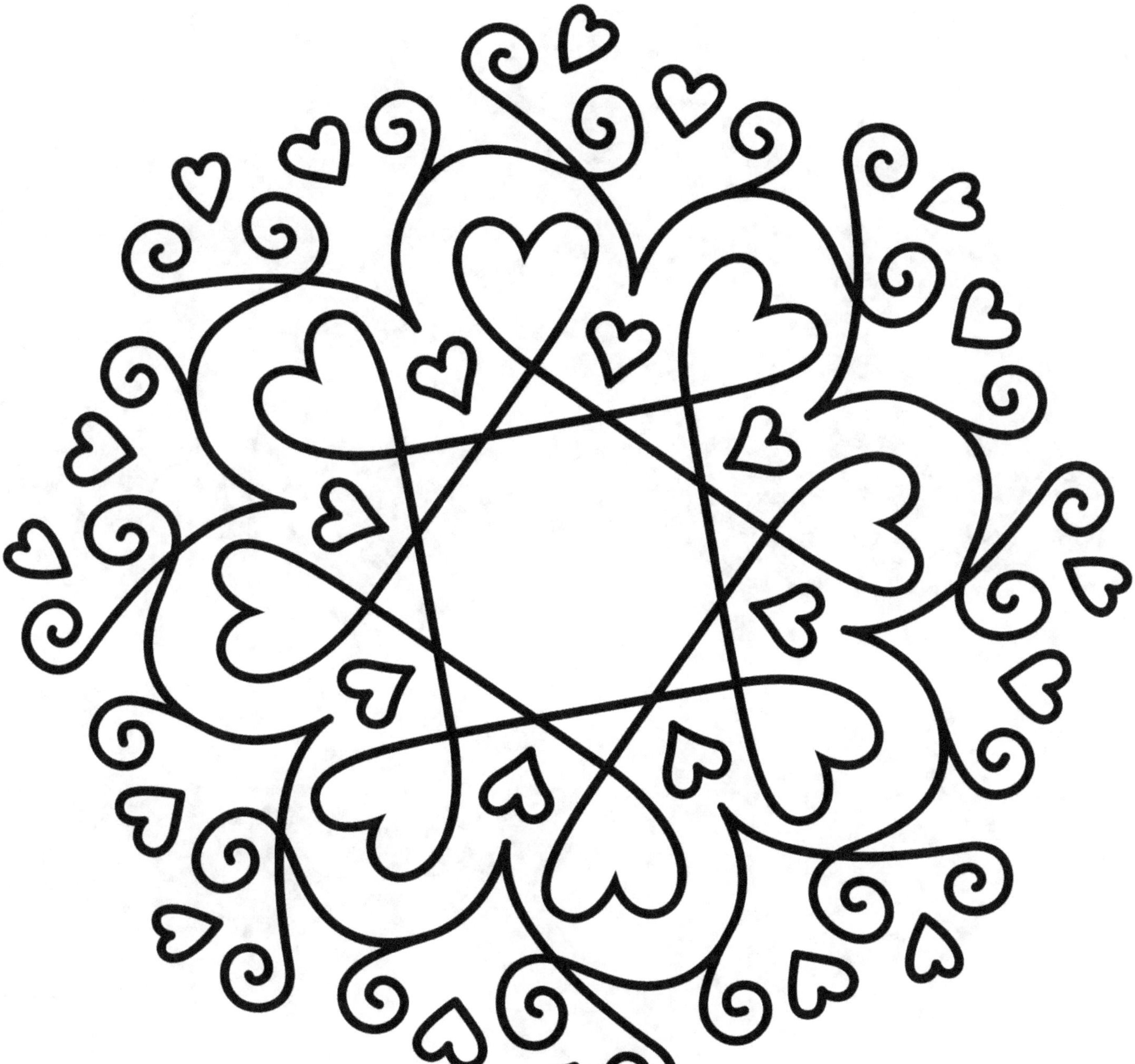

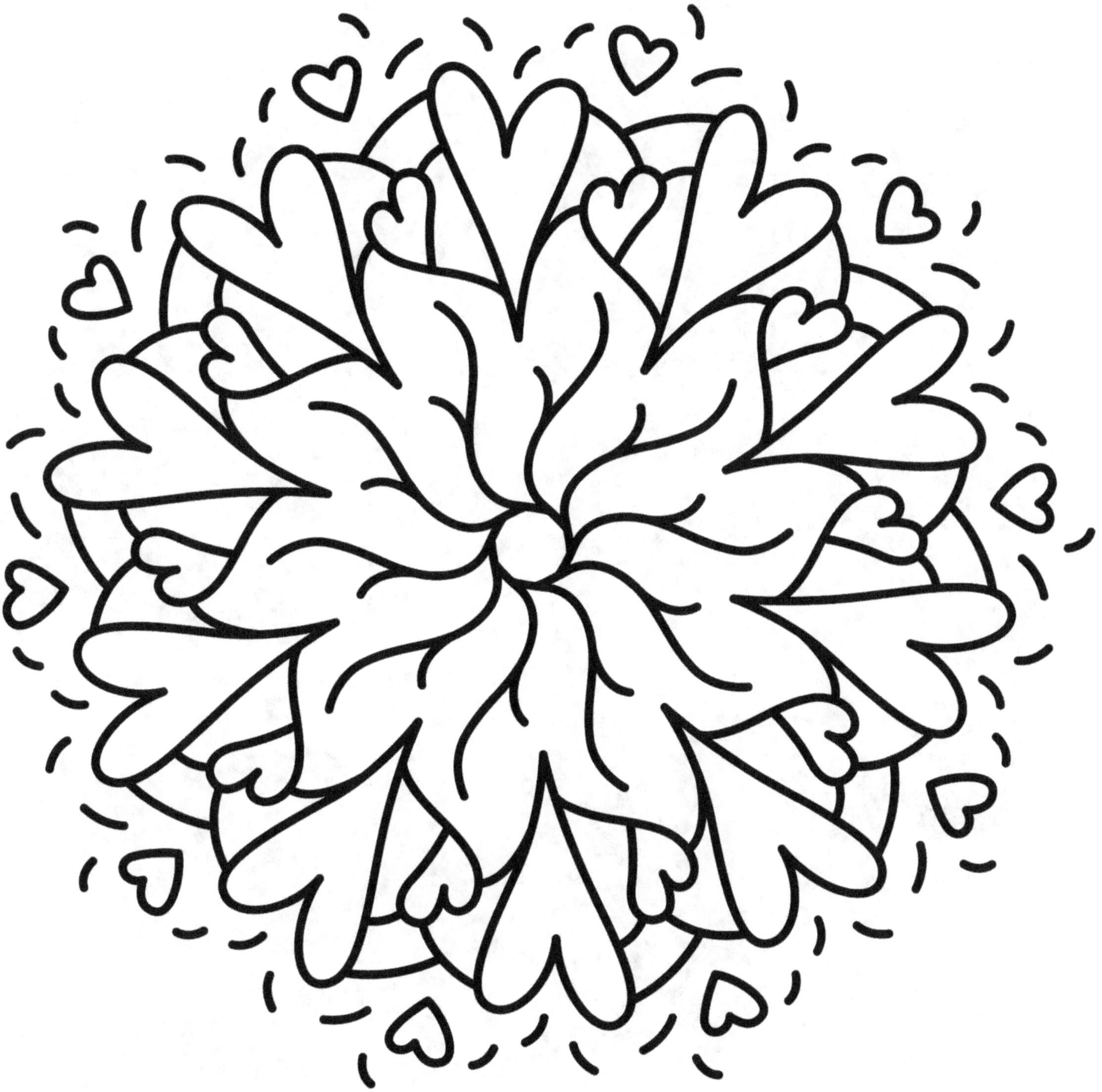

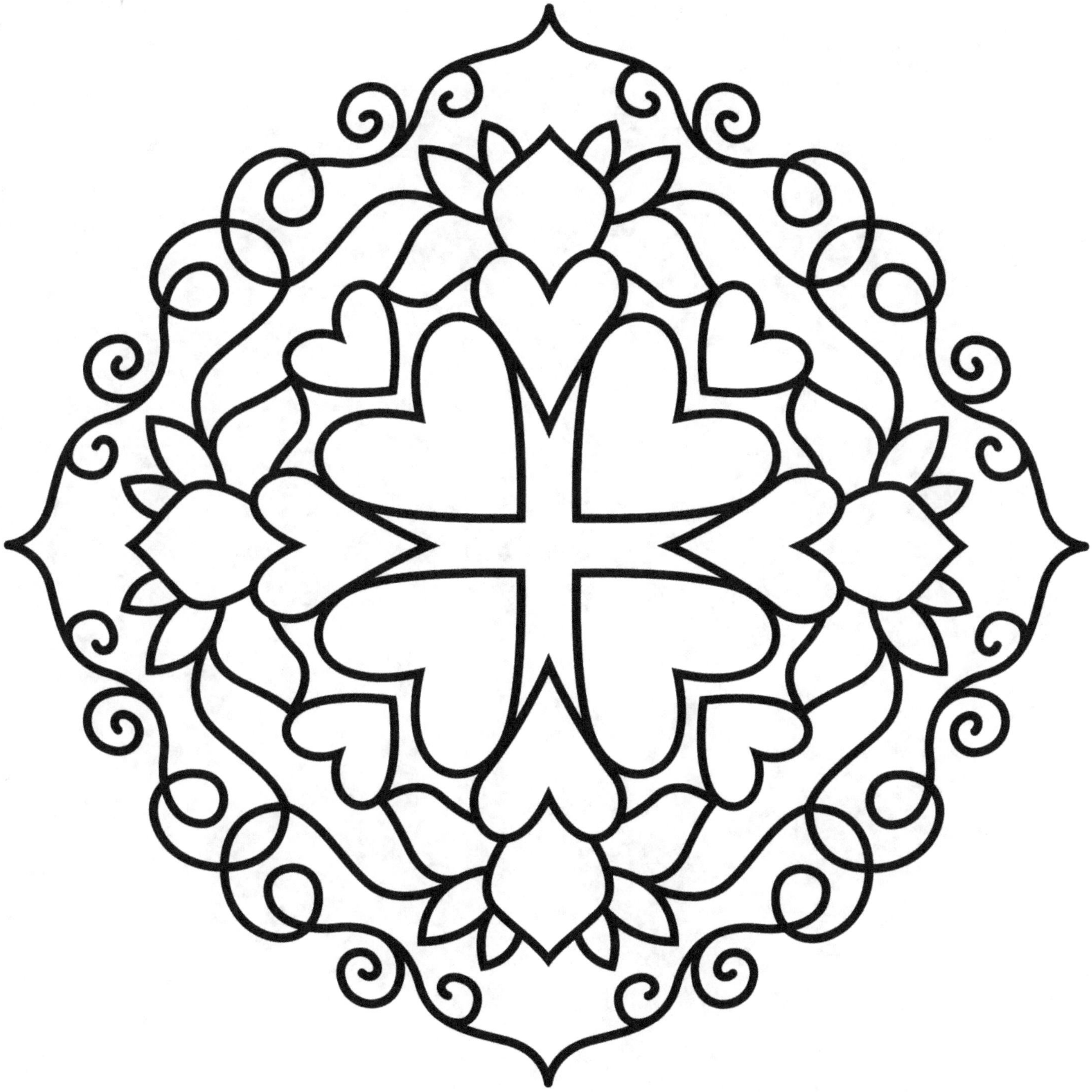

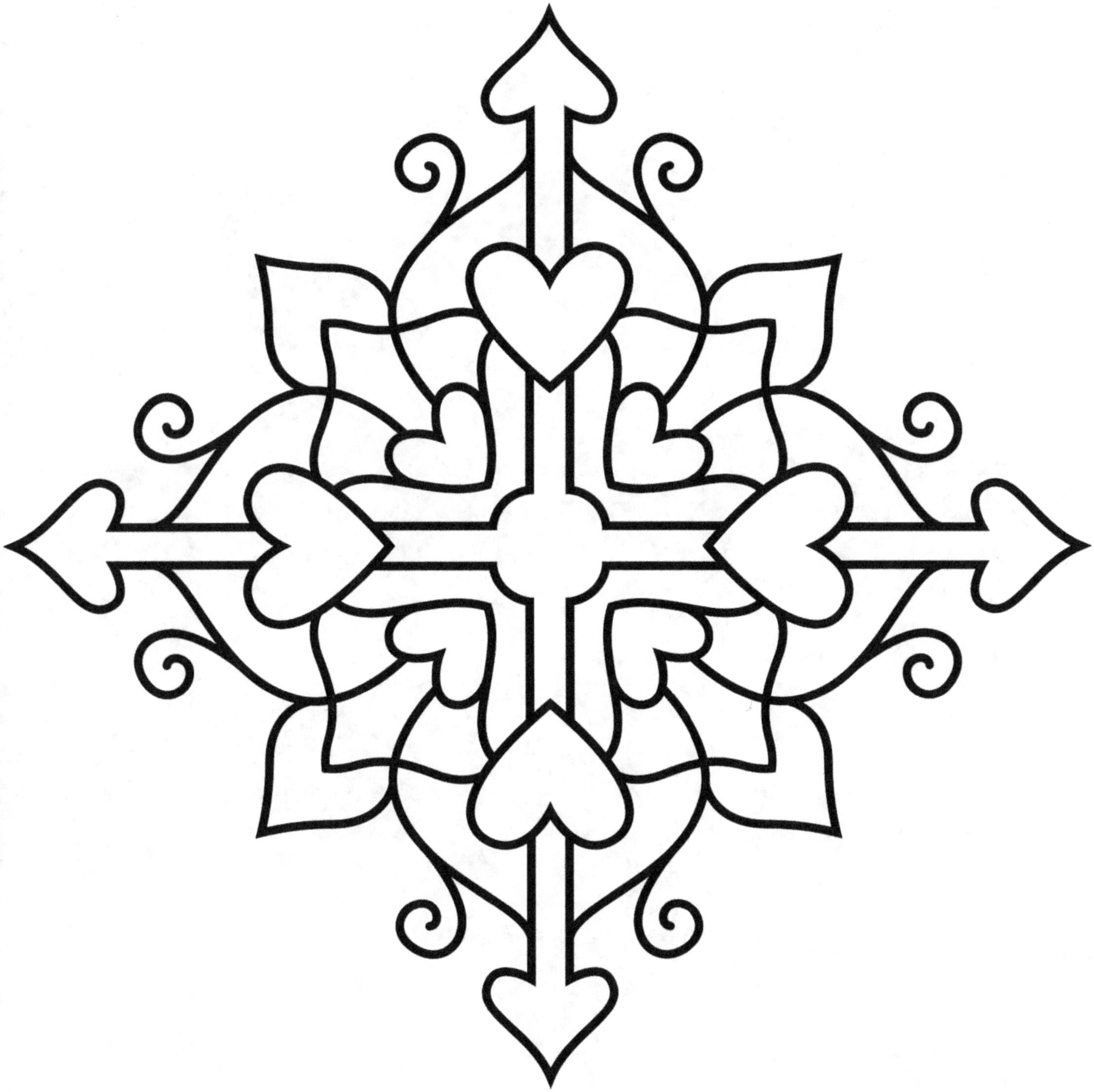

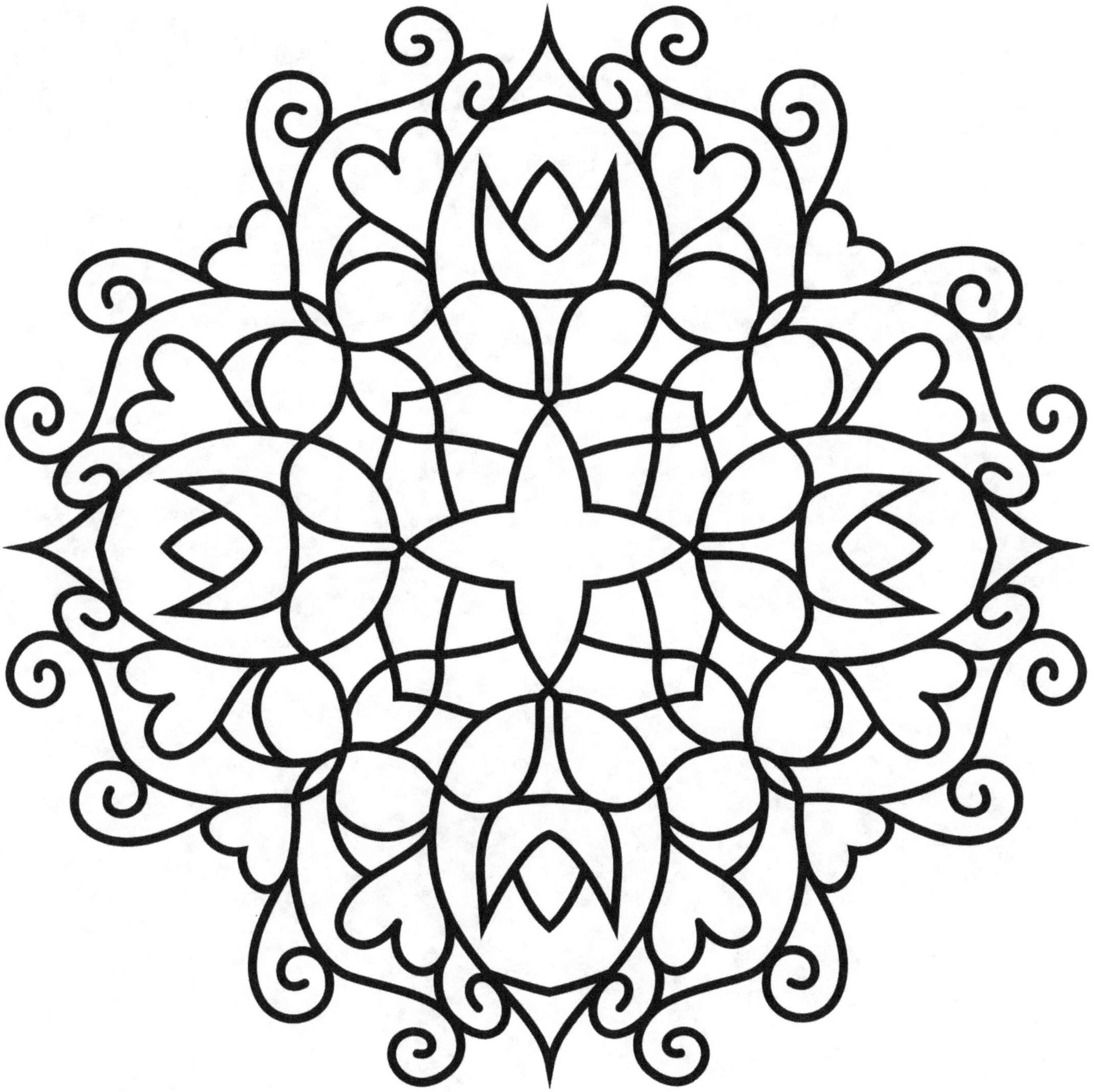

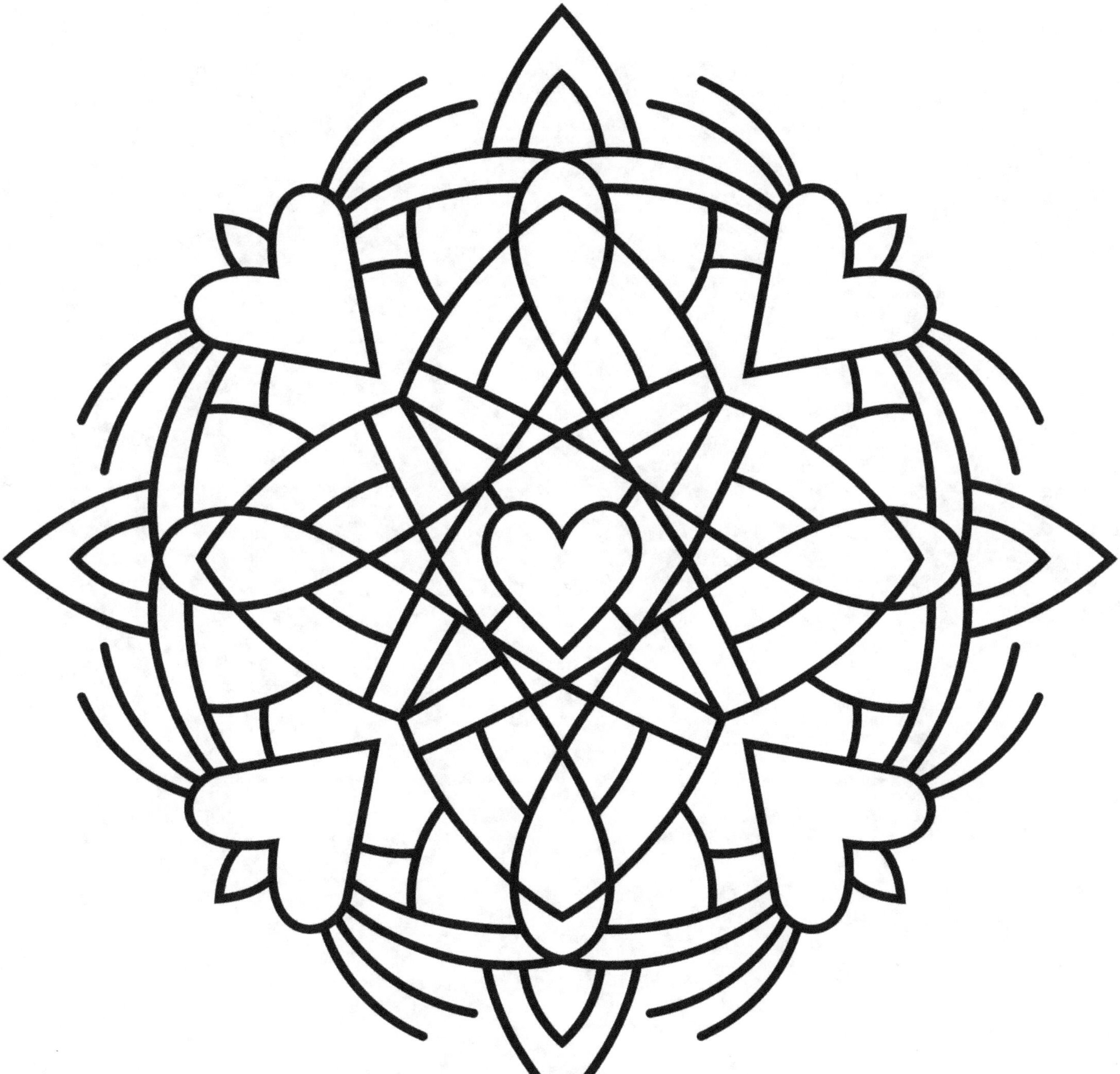

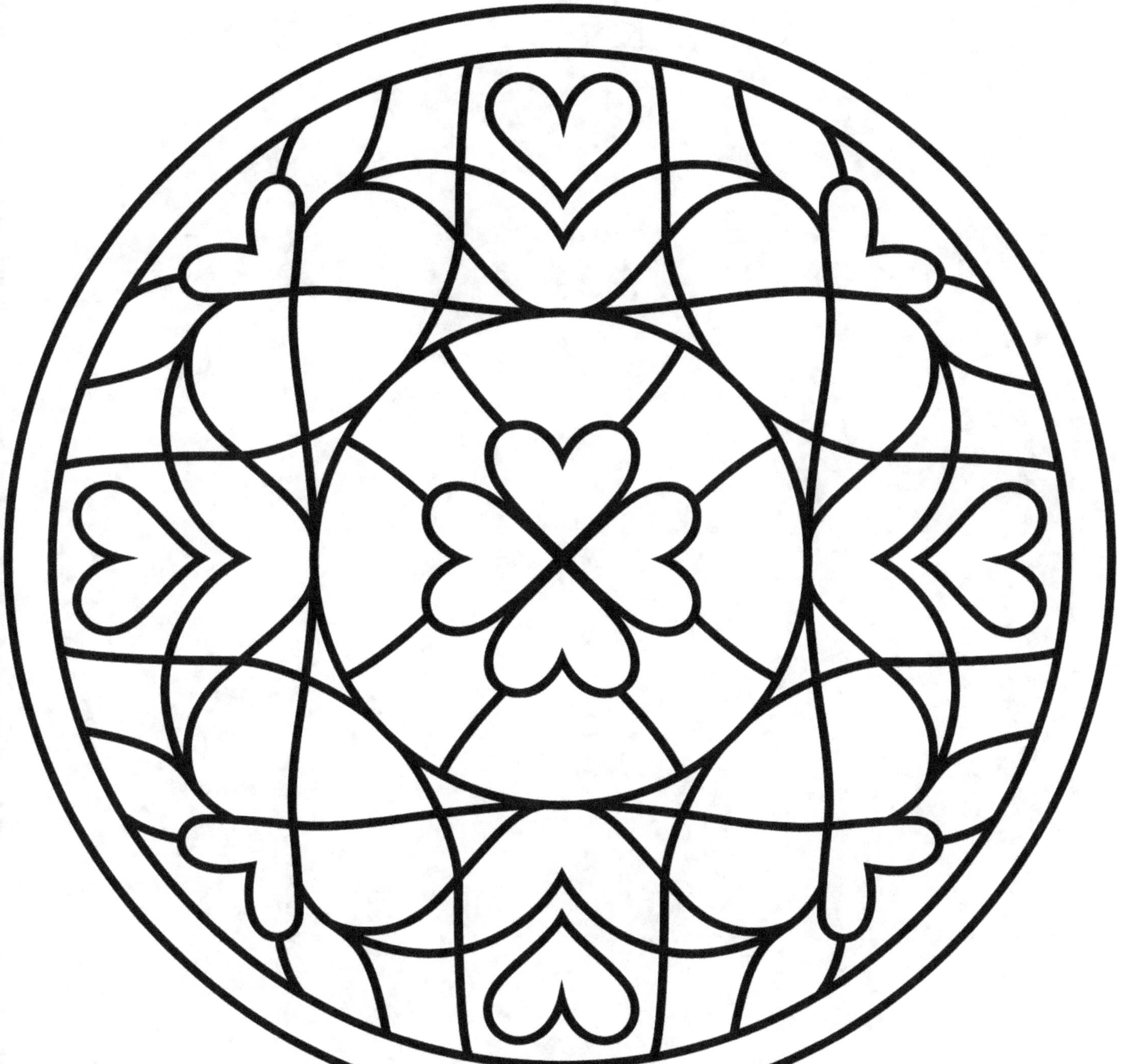

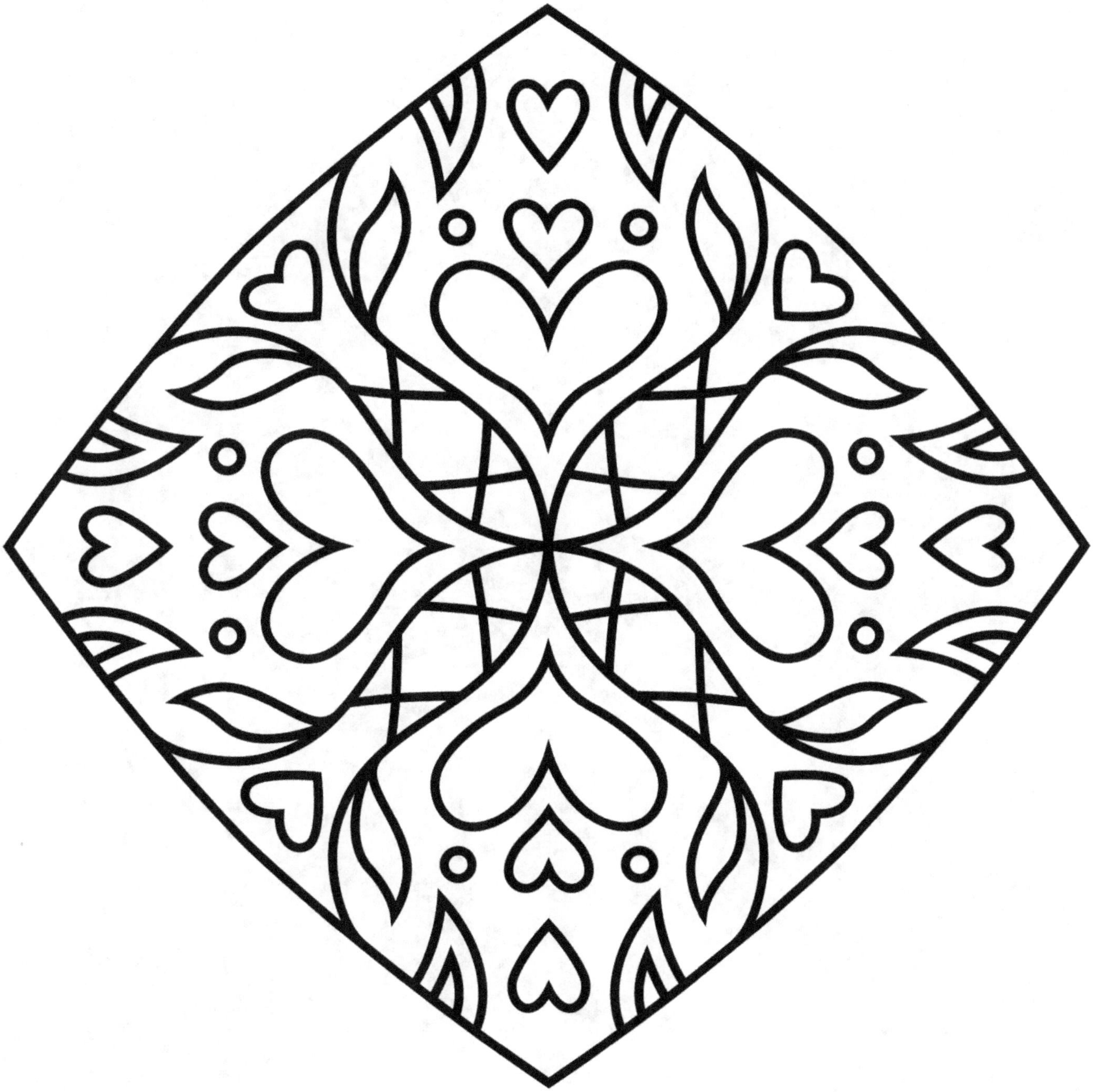

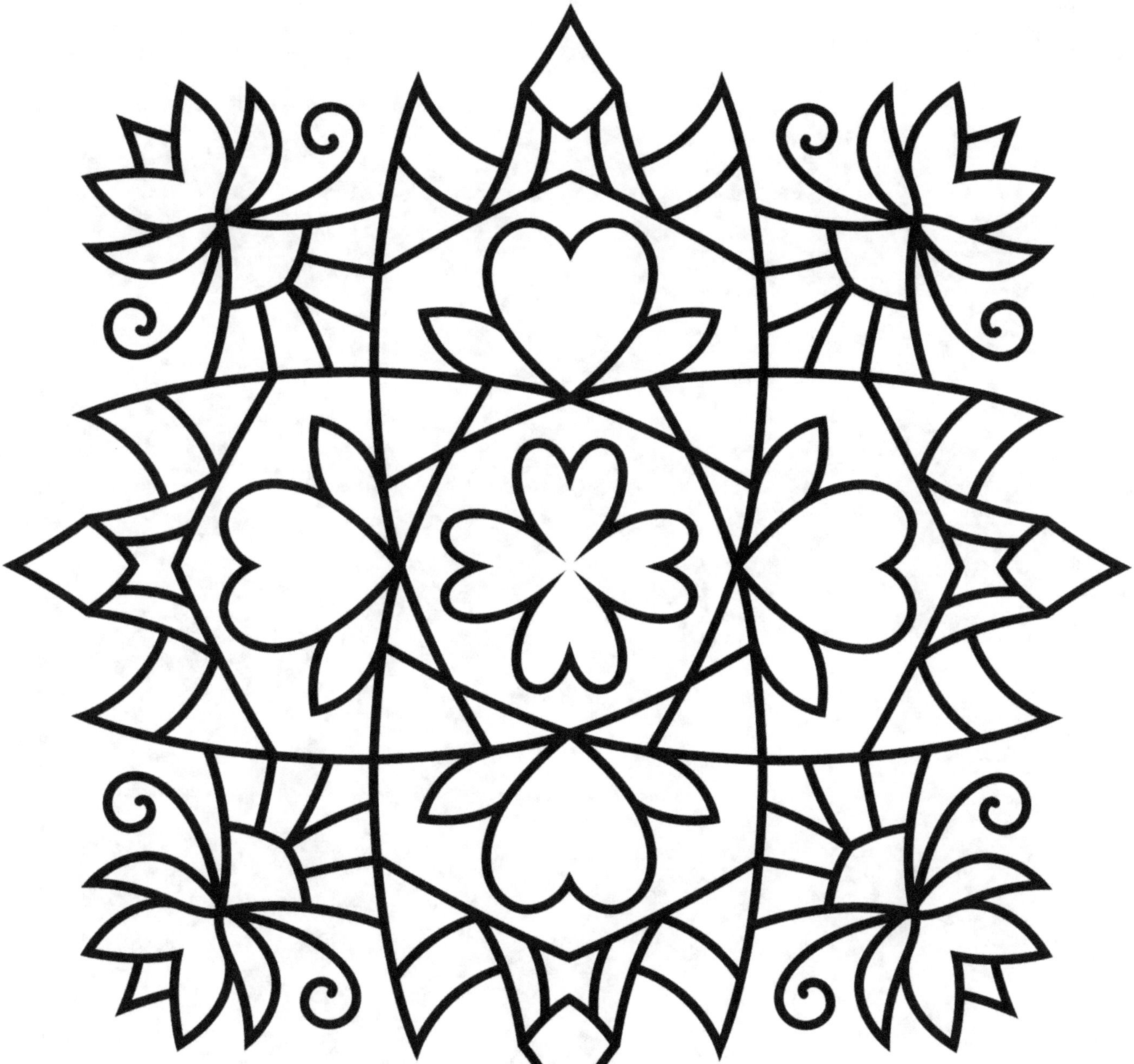

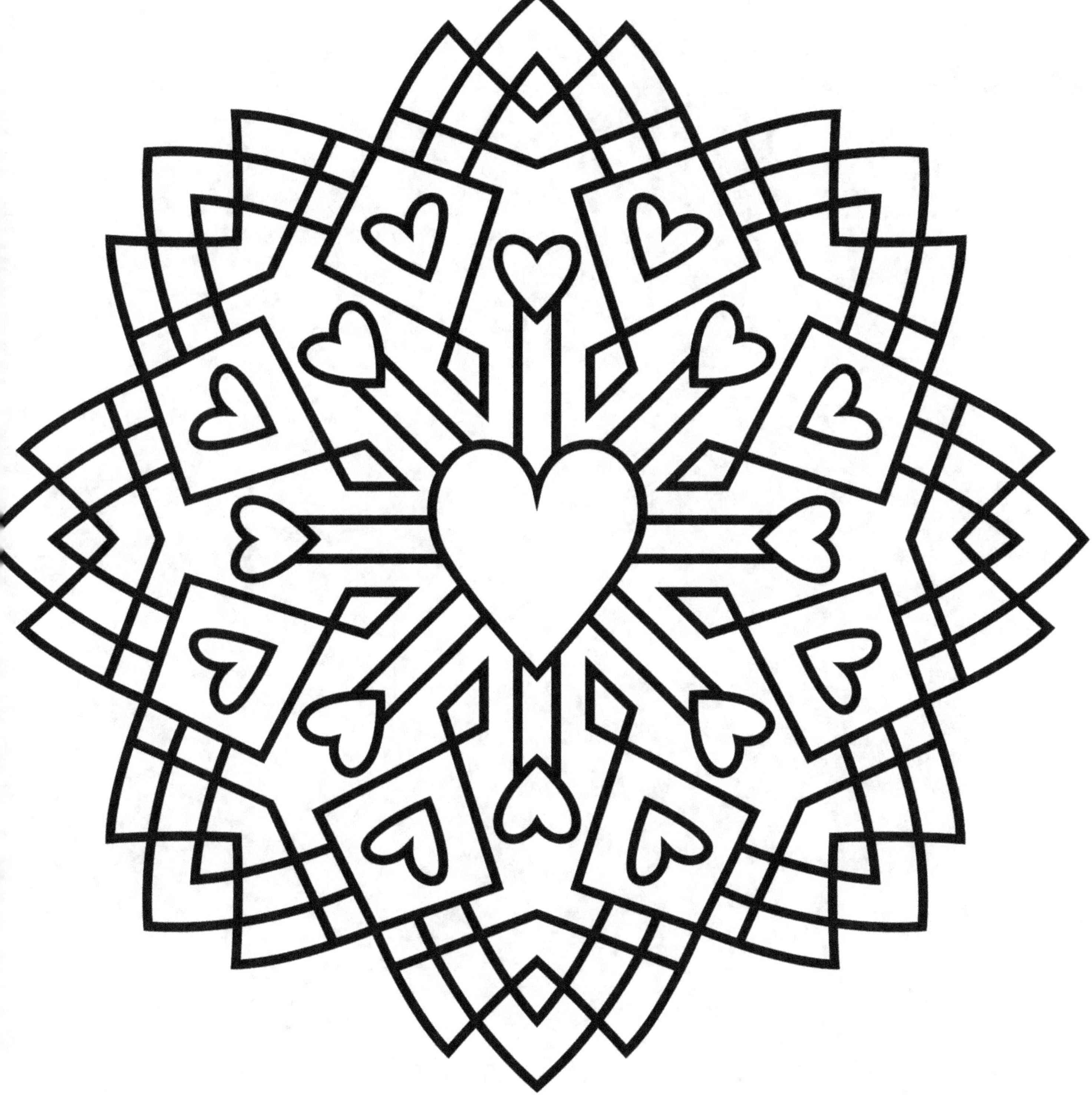

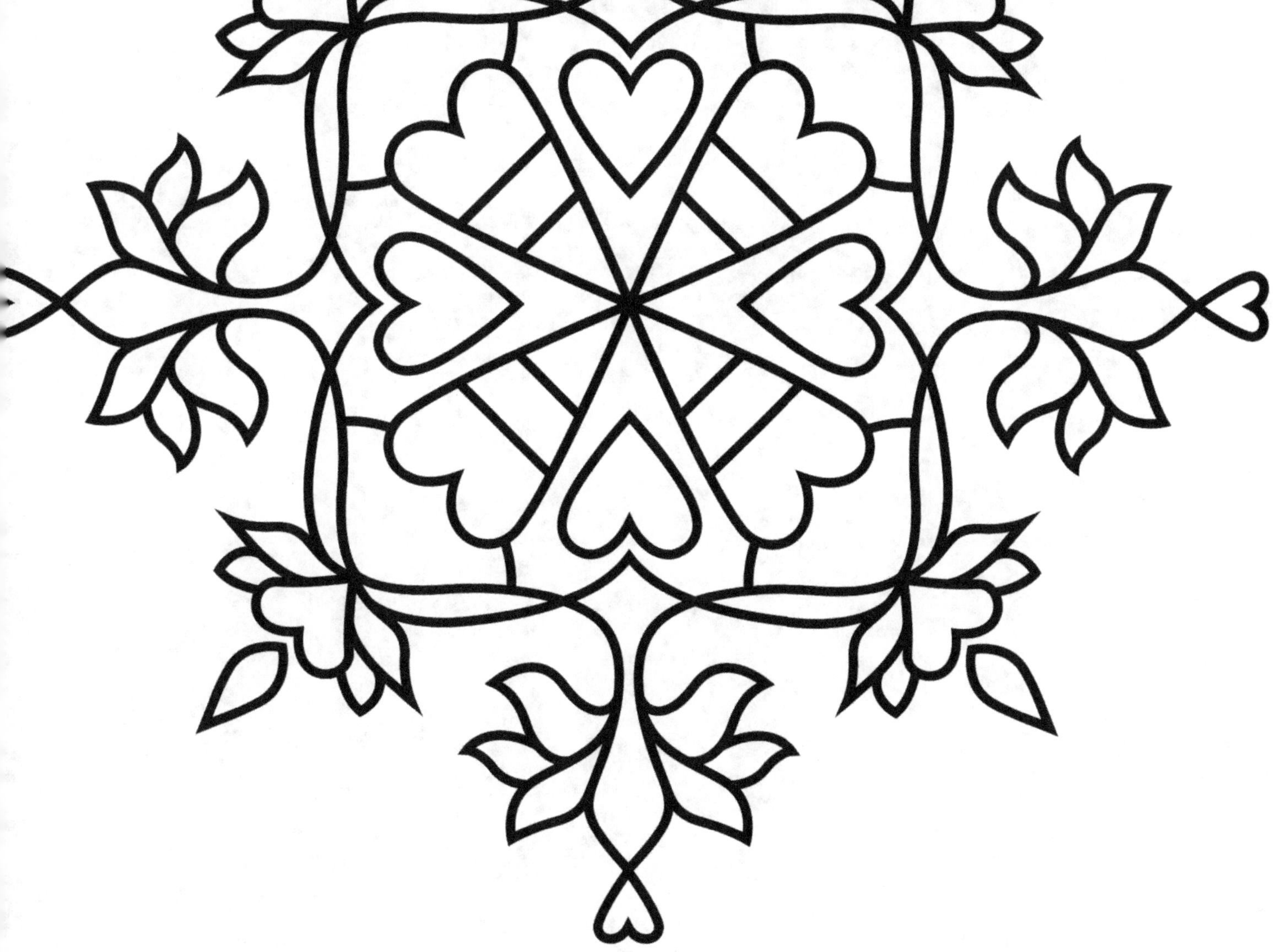

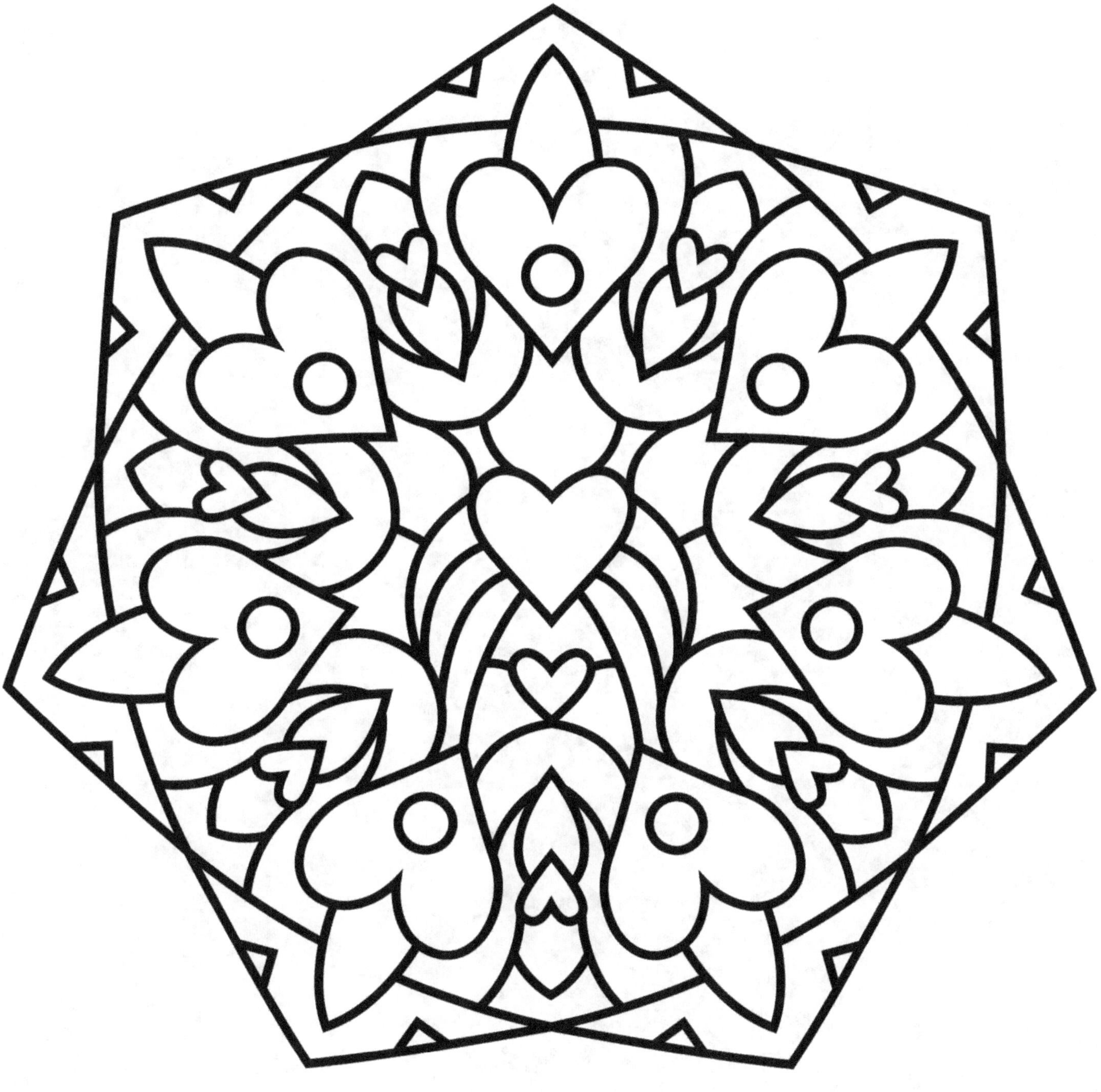

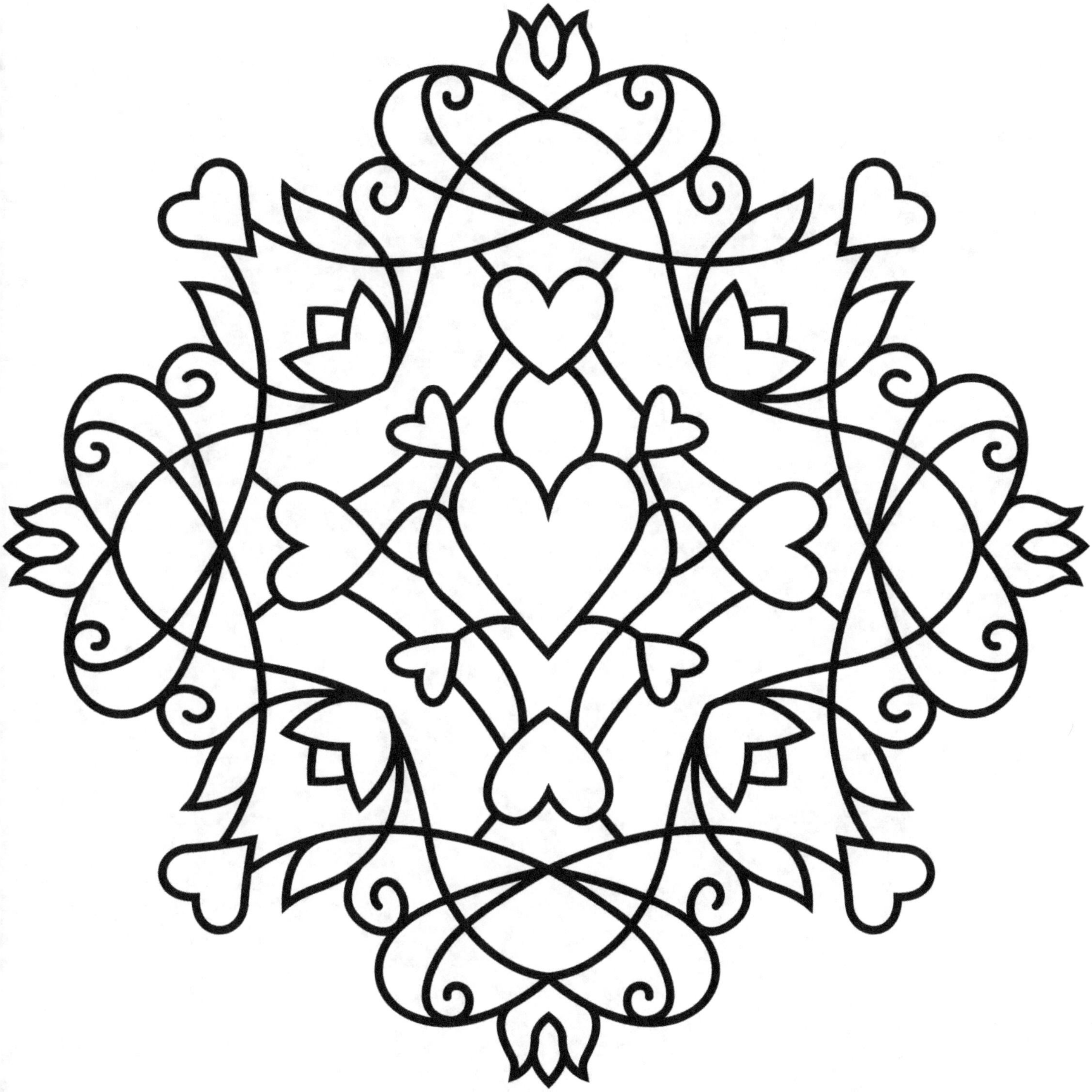

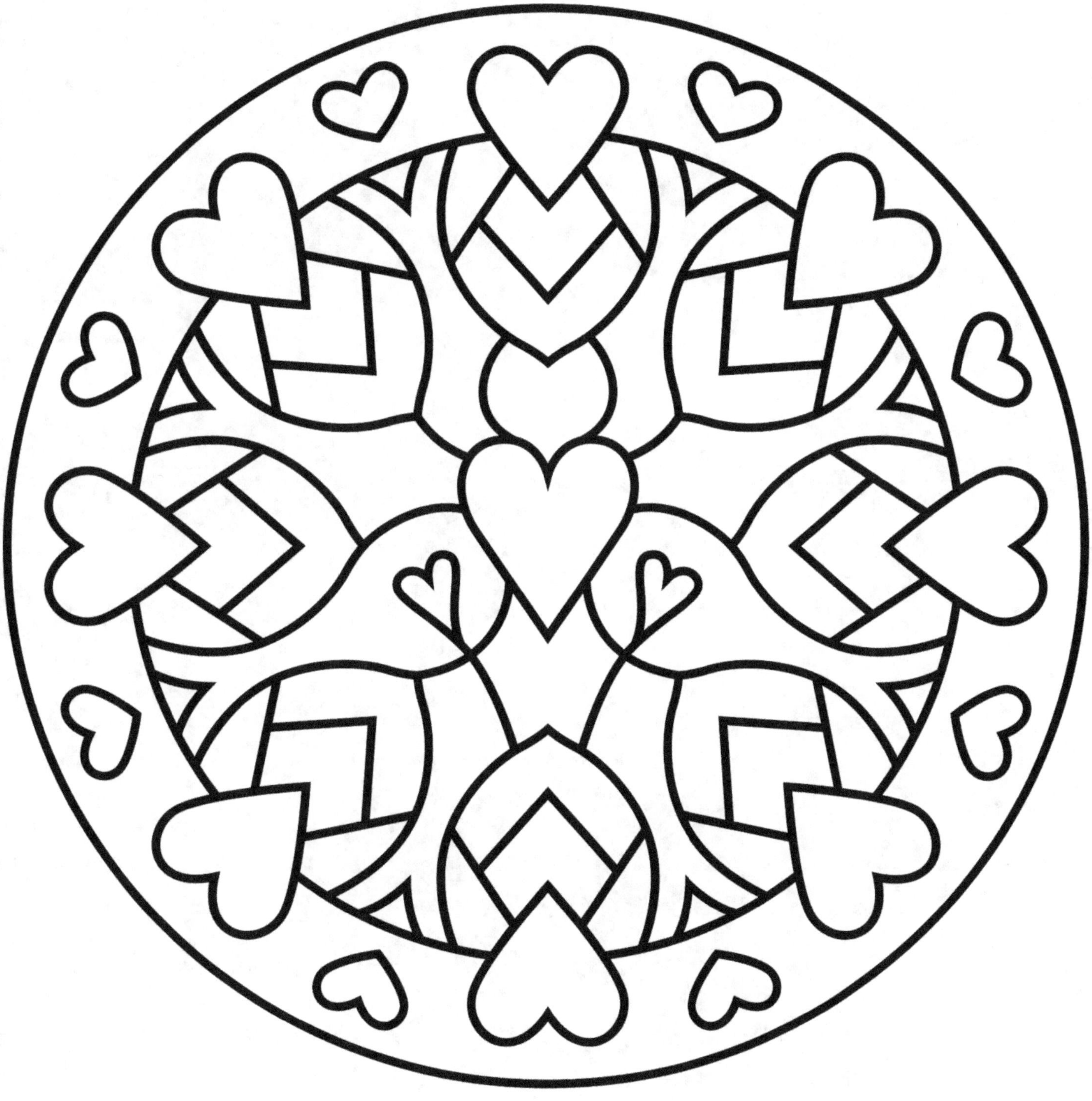

www.ingramcontent.com/pod-product-compliance
Lightning Source LLC
Chambersburg PA
CBHW081449220526
45466CB00008B/2564
* 9 7 8 1 6 5 2 0 4 9 6 9 2 *